现代语言学丛书

主编 王宗炎 戴炜栋

语言学和语言的应用

Linguistics and Language Use

王宗炎 著

上海外语教育出版社
外教社 SHANGHAI FOREIGN LANGUAGE EDUCATION PRESS

图书在版编目(CIP)数据

语言学和语言的应用/王宗炎著.—上海:上海外语教育出版社,2013
(现代语言学丛书)
ISBN 978-7-5446-3415-1

Ⅰ.①语… Ⅱ.①王… Ⅲ.①语言学—研究 Ⅳ.①H0

中国版本图书馆 CIP 数据核字(2013)第 147257 号

出版发行: **上海外语教育出版社**
（上海外国语大学内） 邮编: 200083
电　　话: 021-65425300（总机）
电子邮箱: bookinfo@sflep.com.cn
网　　址: http://www.sflep.com.cn　http://www.sflep.com
责任编辑: 张亚东

印　　刷: 上海叶大印务发展有限公司
开　　本: 890×1240　1/32　印张 7.875　字数 216 千字
版　　次: 2013 年 10 月第 1 版　2013 年 10 月第 1 次印刷
印　　数: 2 100 册

书　　号: ISBN 978-7-5446-3415-1 / H・1783
定　　价: 23.00 元

本版图书如有印装质量问题，可向本社调换

"现代语言学丛书"(修订版)
编委名单

主　编　王宗炎　戴炜栋

编　委(按姓氏笔画为序)
王宗炎　（中山大学）
王初明　（广东外语外贸大学）
王德春　（上海外国语大学）
申　丹　（北京大学）
伍铁平　（北京师范大学）
刘世生　（清华大学）
庄智象　（上海外国语大学）
朱永生　（复旦大学）
许余龙　（上海外国语大学）
何自然　（广东外语外贸大学）
张日昇　（香港理工大学）
张绍杰　（东北师范大学）
束定芳　（上海外国语大学）
杨永林　（清华大学）
杨信彰　（厦门大学）
杨惠中　（上海交通大学）
沈家煊　（中国社会科学院）

陈新仁 （南京大学）
胡壮麟 （北京大学）
桂诗春 （广东外语外贸大学）
秦秀白 （华南理工大学）
顾曰国 （中国社会科学院）
戚雨村 （上海外国语大学）
黄国文 （中山大学）
熊学亮 （复旦大学）
戴炜栋 （上海外国语大学）

"现代语言学丛书"修订说明

外教社"现代语言学丛书"自20世纪80年代面世以来,在语言学界产生了深远的影响,深受国内外广大读者的赞誉。这套丛书的作者均为我国语言学界知名专家和学者,在语言学教学和研究领域成就斐然。丛书深入、系统地介绍了现代语言学各领域的基本理论、研究方法和学术成果,为推动我国的语言学研究和外语教学作出了积极的贡献。

随着语言科学的不断发展,语言学应用的范围也越加宽泛。作为一门迅速发展的学科,近年来,现代语言学在研究语言结构、语言运用、语言的社会功能和历史发展等领域,新理论、新方法、新成果和新动向层出不穷,研究的内涵逐步深入,外延也不断拓宽,成为近半个世纪以来发展最快、变化最大的人文学科之一。

为使国内外广大读者及时了解现代语言学各个领域的最新发展态势,外教社对"现代语言学丛书"陆续进行修订和扩充。新版丛书在对原有的学术精华进行补充和完善的基础上,广泛吸纳近20年来国内外语言学领域的最新研究成果,融"经典"与"创新"为一体,从而更具有学术性、科学性和实用性。

作为开放系列丛书,这套丛书将与时俱进,不断丰富学科内容,拓宽研究领域,为广大读者展现现代语言学的各项前沿成果,从而更有力地推动这一学科的建设与发展。

上海外语教育出版社
2010 年 8 月

总序

现代语言学丛书

"现代语言学丛书"自20世纪80年代陆续推出之后,在业内产生了深远的影响。该套丛书的编委会委员和编写者均为学界知名专家学者,在语言学的不同领域取得了很大成就。正是他们的辛勤努力使得丛书具备普及与提高相结合、引进与本土化相融合的特色,而丛书前沿性的学术内容、深入浅出的理论阐释、科学规范的研究方法等使高等院校的师生、外事外贸单位的翻译、新闻出版界的编辑等语言工作者和学习者受益匪浅,得到他们广泛的认同和喜爱,为推动我国语言学的研究和发展作出了积极的贡献。

近20年来,现代语言学作为发展最快的学科之一,有许多新发现和新成果,需要进行多角度、多层次、全方位的研究。目前人文科学、社会科学和自然科学等的渗透使得语言学的分支更加丰富,出现了越来越多的交叉学科。语言学家的研究视野也得以逐步拓宽,探索更加深入,研究观念不断更新,研究范式更加多样化。为了更加充分地反映这一发展趋势,及时向广大读者反馈语言学及相关学科的最新研究成果,我们在征求编委会委员、广大教师和学生意见的基础上,对"现代语言学丛书"进行修订,力求全方位呈现该学科领域的新理论、新观点、新方法、新结论。

该丛书修订版一方面保留了原版编者权威、内容全面、编辑规范的特点,另一方面突出"经典"和"新颖"两个特色,注重学术历史积淀与社会发展的契合,使丛书更加具有学术性、科学性和实用性。这套丛书仍然是开放的,将陆续出版语言学及相关学科的权威研究成果,以促进我国的语言学研究和学科建设。首批推出的系列著作涉及语言学科的不同层面,涵盖学科研究的前沿内容和最新成果,如《语言学新视角》、《"人本语义学"十论》、《语言系统及其运作》(修订本)、《现代语言学的特点和发展趋势》(修订本)、《比较词源研究》等。

  作为人类交流的工具和文化的载体,语言的重要性决定了语言学的重要性。语言学的发展不仅受到各个学科的影响,也同时影响到其他各学科的发展。只有充分了解该学科的最新研究态势,切实关注语言学科的发展,才能更好地了解语言,运用语言。相信在业内专家学者和广大读者的支持下,"现代语言学丛书"修订版将充分发挥良好的学术影响,为语言学及相关学科的进一步发展作出更大贡献。

高等学校外语专业教学指导委员会主任委员
戴炜栋
2010 年 9 月

《现代语言学丛书》
编委名单(原)

主　编　王宗炎

副主编　戴炜栋

编　委(按姓氏笔画为序)
王宗炎　（中山大学）
王彤福　（上海外语教育出版社）
王德春　（上海外国语大学）
伍铁平　（北京师范大学）
张日昇　（香港理工大学）
赵世开　（中国社科院语言研究所）
胡壮麟　（北京大学）
桂灿昆　（广东外语外贸大学）
桂诗春　（广东外语外贸大学）
戚雨村　（上海外国语大学）
缪锦安　（香港大学）
戴炜栋　（上海外国语大学）

总序(原)

为什么出版《现代语言学丛书》?

因为我们感到,中国现代化包括许多方面的工作,其中之一是语言学研究的现代化。我们希望这一套丛书的出版,会有助于这一工作的开展。

近几十年来,国外语言学的研究进展很快。一方面,关于语言的内部结构,出现了各种理论和模式;另一方面,从各种不同的学科去研究语言,产生了诸如人类语言学、社会语言学、心理语言学、神经语言学、计算语言学等多科性研究。了解和介绍这两方面的理论、模式、实验和数据,供我国语言研究者参考,从而为语言学研究的现代化出一点力,这是我们的希望。

要做到语言学研究的现代化是不容易的。首先要对国外新的语言学理论加以分析和比较,作出我们自己的判断;更重要的是要结合汉语的研究

加以验证,写出结合中国实际的论著。我们这里先做第一步工作。

中国语言学史上,不乏利用外国的语言理论,为汉语研究开辟新路的例子。郑樵说:"切韵之学,起自西域。"马建忠以拉丁文法为范式,写出了《马氏文通》。赵元任、罗常培等前辈先生运用描写语言学的方法,为我国方言调查做出了典范。近时汉语语法学家利用国外语言学的研究方法,使语法现象的分类和范畴的描写更有理据,更为精确。先行者研究外国语言理论的态度,永远是值得我们学习的。

作为第一步,我们打算出版15至20种书。以普及为主,逐步提高,以引进为主,同时注意结合我国的实际。我们希望和国内语言学界同志共同努力,填补我国语言学科中的一些空白点。

我们心目中的读者,是高等学校中文、外文和其他文史专业的师生,翻译界、新闻出版界人士,中学语文教师,以及一般语文工作者和爱好者。我们将力求用明白易懂的语言介绍新的学说和理论。

我们将注意国外新出的语言学文献,为中国的语言学的现代化尽快提供信息。我们的力量还很薄弱,我们要努力去做,并热诚希望国内语言学者和语文工作者给予指导、批评和支持。

《现代语言学丛书》编委会
1982年11月初稿
1984年5月修改稿

前　言

《语言学和语言的应用》范围有限,书中收集的论文只谈三类问题:

1. 语言教学问题　关于语言教学,我可以说是个折中主义者。我不赞成专讲语言结构,也不赞成偏重语言功能。我认为语法·翻译法有其缺陷,然而也有一定的效用。我同意教语言同时要讲文化,但是我还弄不清讲文化该讲哪些项目,以什么为重点,用什么方法来讲。

2. 翻译问题　关于翻译,我有一点经验,也读过一些书。我以为说来说去,还离不开 Eugene Nida 那句话,Translation means translating meaning,因为原文意义译不出,译文就不发生作用。但是原文意义往往很难搞清楚,在翻译 William Manchester 那本 *The Glory and the Dream*(《光荣与梦想》)时,我就往往觉得束手无策(请看本书中的《求知录》)。原因是,这是一本万花筒式的美国现代史,书中所讲的那些事件和细节,有的非但我查不到,连美籍教师 Roger Howard 也茫无头绪,要等到有机会请教他那位老丈人时才明白。

3. 辞书问题　作为英语教师和翻译工作者,我当然常常要查辞书。但是由于某些历史原因,国内有些辞书编得实在叫人失望(请看本书中《专科辞书抽样检查》一文)。不过有两部辞书我是欣赏的:一部是上海译文社的《英汉大词典》,一部是外研社的《汉英词典》。关于后面这部词典的修订版,我的意见已发表于本书中的有关文章了。

这本书编成了,出版了,我毕恭毕敬地等候读者的评论。我希望自己能词明意达,没有叫读者头疼。我更希望书中所谈的题目能引起读者的兴趣,不要还没读上几页就"手倦抛书午梦长"。

王宗炎
1996 年 4 月 24 日于回春楼

语言学和语言的应用
Linguistics and Language Use

目录

1 语言教学

英语教师看语言和语言学 ……………………………………… 3
Stick to the Basics …………………………………………… 13
Opinions on English Language Teaching in China ………… 22
分光镜下的汉语干扰英语实例 ………………………………… 31
语法·翻译法活用举隅 …………………………………………… 44
语言和文化 ………………………………………………………… 48
自我认识与跨文化交际 ………………………………………… 56
不同文化之间的交际——René Dirven 和 Martin Pütz 的"文化间交际"述评 ………………………………………………………… 66
我走过的弯路 …………………………………………………… 75
朱道敏《新编大学英语口译教程》序 ………………………… 79
《启发性研究生英语教材》序 …………………………………… 81
李筱菊《语言测试科学与艺术》序 …………………………… 85
何广铿《英语教学法基础》序 …………………………………… 87

89 翻译研究

求知录 ……………………………………………………………… 91
辨义为翻译之本 ………………………………………………… 101
关于译名的三个问题 …………………………………………… 108
Linguistics and Translation ………………………………… 118
艰难的选择:双声还是头韵?——敬答缨铠先生 ………… 129
评齐沛合译《基辛格》 ………………………………………… 138
连淑能《英汉对比研究》序 …………………………………… 146
杨自俭编《翻译新论》序 ……………………………………… 148

151 辞书研究

郭杰克《当代英语搭配词典》序 ……………………………… 153
秦秀白《现代英语习语大词典》序 …………………………… 158
评《汉英词典》修订版 ………………………………………… 161
专科辞书抽样检查 ……………………………………………… 169

评《牛津高级学生词典》第五版 …………………………… 176
六种英美词典小评比 ………………………………………… 182

191 附录

利奇和比尔论电脑在英语研究中的作用 …………………… 193
谈谈机器翻译 ………………………………………………… 201
关于中国的英语教学和研究 ………………………………… 204
六个教师和一个用低调子说话的人 ………………………… 220
月是故乡明——读《傅孝先文集》 ………………………… 229

语言教学

英语教师看语言和语言学

一、到门市部走走何妨

语言学是一个百货商店,顾客们各取所需。历史学家可能要在这里追溯语言的起源、发展和变化;哲学家可能想在这里研究认识论问题;心理学家光临,可能为了探索人们如何说出话来,如何听懂别人的话;社会学家的意图又不一样,他们可能志在摸清社会组织、社会地位与语言有些什么关系。我是英语教师,乔一点儿(仅仅是一点儿)语言学是为方便工作——为了阅读、写作、翻译和教学。我有盲点,有成见,有偏爱。写这篇东西只不过谈谈心,向大家请教。

二、这玩意儿有用吗?

谈到语言学,一般人,尤其是英语学习者,会立即想起语音、语法、词汇来。这些是语言研究的核心部分,当然要关心。但是搞语言学首先是为了了解语言的本质和功能。学者们早已指出,语言是一个符号体系,有组织,有结构;语言是人类社会的交际工具,不讲社会功能便无法说明语言;语言是文化的载体,同时又是文化的一个重要组成部分;语言离不开思维,同时它本身又是一种行为。因为语言如此复杂,谁也不能完全了解它,说明它;但是既然大家都说话,自然大家都有机会去观察、分析和讨论语言。

由于学者们通力合作(有时还面红耳赤地争论),人们对语言的看法越来越深入、全面了。就美国来说,50年代以前主要讲语言的结构;50至60年代主要讲语言的生成和转换(其实是讲句子的生成和转换);60年代以后向多方面扩展。70年代后期有一本颇为流行的语言学引论——Victor Fromkin 与 Robert Rodman 合著的 *An Introduction to Language*（1978），它只谈语言能力（linguistic competence），压根儿不提交际能力（communicative competence）和社会语言学。80年代末期出版了三本同类的书，据 Joseph Malone 说，都有专章讲语用学、社会语言学或者"社会环境中的语言"[①]。由此可见，人们的视野扩大了，有的人甚至把重点转移了。

我是个英语教师，搞语言学研究只是业余活动。但是我觉得，英语教师弄一点语言学有好处：它使得我们学英语时少走弯路；它引导我们注意英语（和汉语）的特点；它帮助我们挑选教学法；它让我们在写作和翻译时多一点把握；它还帮我们擦亮眼睛，看清某些语言作品的优缺点。关于这些，下文第四节将再详谈。

三、怎么分清是非

我不是语言学专业人员，关于语言研究我经验不足，不过有些个人意见不妨谈谈。

我想，一个英语教师或者学生，如果他想弄点语言学，应该抓四件东西：(1) 抓语言学习；(2) 抓语言理论学习；(3) 思考论证那些理论；(4) 如有可能，提出自己的题目，开辟自己的园地。

语言学习与语言学学习是相辅相成的。我曾经只学汉语、英语，不学语言学，结果是有些话我会说，可是不知道为什么要这样说；有些语言特点，例如汉语普通话的轻声，我根本觉察不出（因为粤方言很少轻声），当然谈不上掌握和活用。但是也有人专学语言理论，置具体语言的学习于不顾，这样的人谈理论可能头头是道，可是用汉语、英语写作就不能得心应手。再说，具体语言学不好，没有切身体会，讲理论也不会左右逢源，只不过拾人牙慧，照本宣科而已。

可是，在我们国内，要学英语是有许多困难的。你要练基本功，可是说英语找不到对话者，写英语找不到读者，更难找修改者和评论者。

写了东西，最好是请前辈专家看看，请英美籍教师看看，但是我以为主要是给同辈和后辈看看。到了四五十岁，找前辈可不大易了。其实只要多写写，自己多改改，不请教别人也能有进步。英国小说家

Somerset Maugham 说,他一辈子请别人批改作业只有两回,其中有一回是请临时雇用的女秘书批改的②。美国黎天睦(Timothy Light)教授说,他在香港时曾每周出题让一个中国人写短文一篇,但是不改。这人倒也听话,他写啊写啊,一直写了一整年,这以后黎天睦拿他的作业来一看,英语居然写通了。黎天睦说,德国完形心理学家爱谈顿悟(insight),他认为这就是一个很好的例子③。

语言理论该怎样搞呢?不妨各行其道(广东人所谓"各师各法")。一般人以为,搞语言理论是听课、读书、做笔记,然后把收集到的资料好好整理写成论文。有许多已得硕士学位的人也是这样看的。这个看法不算错,可是似乎不全面,因为只有人,没有我。最好从"我"字做起。

吕叔湘先生说过,读一篇论文,最好先看看题目,想想自己有什么看法,再从头读下去。我看这是个高明主意。在读 J. L. Austin 的著作之前,先想想 speech 是什么;如果你认为语言只是表达思想的工具,那么在看到 Austin 提出 speech act 时就会觉得很新鲜。在读 M. A. K. Halliday 的著作之前,先想想语法是什么;如果你认为语法是语法,词汇是词汇,界线分明,那么在看到 Halliday 提出 lexico-grammar 这个术语时就会格外留神。先知己,然后能知彼。如果发现彼胜于己,就有了一定的收获。不过,在某些情况下,你也许会发现己胜于彼。

学语言学必须读书,可是怎么读呢?现在是知识爆炸的时代,书那么多,读不胜读,自然要好好挑选。读书,我走过许多冤枉路,这会儿才摸出了一点门道。我认为,读书要有计划,有步骤,量力而行,讲求实效。这就是说,先读小书,后读大书;先读概论,后读专论;先读与工作关系密切的书,后读关系不大的书;先读有定评的书,再读在争论中的书。然而有计划的读书还要辅之以自由阅读、随意浏览,要伸出头来看看语言学之外那个大千世界,这才不会眼光短浅,局限于小天地之中。

在读书时,自然要注意新成果、新收获。例如过去辨音靠耳朵,如今已改为靠基频图,以目代耳,更为准确;过去收集语言样品靠个人阅读,现在有语料库可以检索,既方便,又可靠;过去美国学者只注意乡村地区的方言,现在转而研究同一个城市中的方言;过去认为选常用词有赖于频率统计,近来法国人发现,有些常用词出现频率并不高,如 swear words 就是。(我问过英国人 Richard Young:"你每天发誓几次?"他说:"大概是两次。")

搞语言学,我们不能不注意当前关于语言的争论;作为英语教师,我们更不能不注意与英语教学有关的热门话题。目前有两个问题,大概不少教师已经在谈论了:

(1) 交际教学法在国外提出多年,我们应如何看? 关于这点,除学理上的剖析和辩论外,还有个可行性问题。David Crook 告诉我们,几年以前,北京外国语学院办过一个中学教师进修班,用交际法教学。在结业时,一位中学教师对授课老师说:"你的方法好是好,可是回到原校,我们决不能用同样的方法教自己的学生,原因是觉得自己的英语水平不够高"④。Péter Medgyes 也说,用交际法,"教师们必须有非凡的才能:是多面手,又懂得高技术,有神仙般的魔力,同时又是个有血有肉的凡人"。据他看,匈牙利的英语教师,由于语言能力有缺陷,已经自顾不暇,根本没有时间去考虑学生们除教材内容外还有什么别的需要⑤。

(2) 标准化考试在我国正在推行,可是作为教学成绩的尺度,它有什么优点和缺点呢? 我们有几十万考生,不能不采用既明确客观又省时省费的多项选择法。可是:(a) 这种试题只能考单项知识或能力,考不出综合技能;(b) 多项选择题不易出得完善,据 Clifford Hill 教授(他于1992年来过中山大学演讲)说,美国大学所用的选择法考试题目,有的竟能有两个不同的答案。有人以为,有了试题库,出题就不难了。其实编一套试题要彼此联系,要互相配合,也是大费周章的。

读了书,你会碰到许多意见、主张、判断,不妨统称之为理论。理论未必都对;理论家常常看法不同,又难以兼收并蓄。为了分清是非,我们就得思考论证。常见的方法是:(1) 内省;(2) 观察;(3) 诱发;(4) 实验。

凭自己的感想来作出判断,这是内省法。这个方法不可废,因为人人都用,也最方便,可是主观成分太多,不大可靠。对于同一词语,连以英语为母语的人看法也往往不一致。例如 The committee met to finalize plans for the dinner 这句话,算是好的英语还是不好的呢? Stewart Beach 说,finalize 是"一个讨厌的、完全没必要的动词";Walter Cronkite 说,"这是有用的新形式";Jessica Mitford 说,"事实上这个词已经用了 20 年了";而英国 Anthony Burgess 则说,"这个词有它的特殊作用;它叫人想起非常有美国气派的效率"⑥。显然,中国人在这里没有多少发言权。

比内省法可信一点的是观察法,因为以客观事物为依据,但是观察也有周到不周到之分。P. Trudgill 指出,美国的语法学家往往说,Give him that 是对的,Give it him 是错的。他们可没留意,英国人常说的正是 Give it him⑦。Keith Walters 指出,H. Kurath 虽是个有名的美国方言学家,可是他的论断不完全可靠。有时某个音、某个词,Kurath 说美国某一地区没有,其实是有的,但是 Kurath 到那里调查时查不到,于是乎他便贸然声称,这个语言项目并不存在⑧。

观察法只能等待某一语言现象自然发生,这要花许多时间,而且发生不发生毫无把握。比观察法更方便的是诱发法(elicitation),这就是想法子让人家发出某个音,完成某个句子或者描写某个东西的形状,借以验证自己的假设是否正确。美国社会语言学家 W. Labov 所用的方法是个有名的例子。Labov 知道,像 four、store、more 这些词,有人发-r 音,有人不发,可是美国上流社会是爱发-r 音的;他怀疑,纽约的售货员们(他们当然不属于上流社会)为了提高自己地位,也要学着发这个音。他先到一些商店看看,知道女鞋部在四楼,便故意到另一层楼问售货员:Where are women's shoes? 回答当然是 Fourth floor。这样到好几家商店反复诱发,Labov 就弄得清清楚楚,售货员们在说 fourth 和 floor 时果然都带-r 音,自己的猜想完全对⑨。

比诱发法更进一步的是实验,它需要周密的设计、多次或长期的观察和详细的记录。我们当英语教师的其实天天都有机会进行教学实验,只不过许多人课前无计划,课后无记录,所以对许多问题很难作出可靠的判断。下面这两个例子也许可供大家参考。

(1)中山大学英语培训中心是 80 年代早期成立的,任务是帮助出国科技人员提高英语水平,教材和教法都是美国加州大学设计的。

这个中心的培训工作,其实是一种教学实验。效果如何呢?据莫华树教授的历年统计,受训人员如果原来考"托福"只能考 400 分左右,经过培训能提高到 500—550 分;可是原先要是已能考 500 分,那就再经培训也提高不了多少了。对于加州大学的教学设计,这就是一个客观的评价。

(2) 中山大学研究生张朝阳也做过一个教学实验。先前人们以为,中国学生读英语文章有困难,是由于语言难度太大;张朝阳可另有一个想法,她估计这是由于文化背景知识不足。实验的结果表明,她的估计一部分对了,一部分错了。事实是,在语言难度小时,读不懂英语作品主要是因为文化知识有缺陷;但是在语言难度大时,读不懂确是主要由于英语知识太少,而不是由于文化方面的障碍。

上面这两个例子,一个核查别人的设计,一个验证自己的猜测,都有了可信的结论,是蛮有意思的。

四、有耕耘就有收获

搞语言学对学英语、教英语的人有好处,上文已提过了,现在具体谈谈。

学语言学,知道语言有地区性,不是铁板一块,我们的感觉便会灵敏些。我们会发现,美国人说 He studied law,英国人可说 He read law。我们会注意到,英国人说 We will table the motion 时是要把提案列入议事日程,可是美国人说同一句话时倒是要把提案搁置起来,暂时不讨论。

有人问我:"为什么广东人管荸荠叫'马蹄'?难道马凭荸荠走路吗?"我说:"为什么北方话'土豆'指的不是豆,'地瓜'不是瓜,'山芋'不是芋头,'西红柿'不是柿子?这不把人搞糊涂了吗?"

学过语言学,我们晓得人们说话因社会阶层而异,因性别而异,因年龄而异,还因场合而异。这就会注意各种不同的类别,不同的风格。我们会觉察,Anybody can be a qualified teacher 这句话,在一般情况下 can 念 [kən],在强调时才念 [kæn]。我们会看得出,Tom is silly 是正常说法,Tom is nutty 可有俚语味道。

注意词语选择,这不仅仅是风格上的问题,还有别的作用。如果你关心时事,你会发现在 1992 年 9 月头三天,英国报纸的新闻标题用上了两个新词:一个是 Dianahate(戴安娜的怨愤,指英王储妃 Princess Diana 与夫婿失和),一个是 Dianagate(指 Diana 与某人通电话,被别人录了音,这是模仿 Watergate、Irangate 造成的词,gate 有 scandal 之意)。表面看来,这些是小事情,可是从政治学、社会学角度看来,这非但显出了英语构词法的灵活性,还能告诉我们许多东西:英国报界的文风如何,英国读者的兴趣何在,英国王室威信是否还能维持,英国报纸所享有的新闻自由有多大,由此都可见一斑。

搞语言学,能帮助我们区分有效的和无效的教学法。50 年代,大家热心学俄语,曾经流行过俄语突击学习法;近来大家热心学英语,又有所谓"黄金记忆班",搞什么"中学英语单词快速记忆法、8 000 常用英语单词速记法、2 000 常用英语短语快速记忆法"等。然而,凡是有一点语言学常识的人都知道,语音、语法、词汇、语义,这些构成一个统一体,学英语时是不能把它肢解瓜分的。为了考试,"单词快速记忆法"可能有效;为了活学活用英语,这样做却会事倍功半。下面这几句话,连中学生都不会觉得有什么生词,可是其中意义,仅仅认得了单词就能推想出来吗?

    a. The more foreigners I saw, The more I love my native Land. (P. L. De Belloy)

    b. Money speaks sense in a language all nations understand. (Aphra Behn)

    c. There is in human nature generally more of the fool than of the wise. (Francis Bacon)

语言学是讲论证的,要求言必有据。就是名人名著,我们也不能听其言而信其行,而要实地考察一番。比方 *Collins Cobuild English Language Dictionary*(1987)是一本鼎鼎大名的词典;它释义清楚,举例详明,确有不可及之处。可是编者因为自己以包括 2 000 万单词的语料库为依据,就自诩为 No major uses are missed(p. xv),这是否可信呢? 检查一下,我发现有些常用词语它还没有收,如 towpence、table d'hôte、plebiscite、neurasthenia、demarché、lambaste、musicology、 hype、short-termism、corporate culture、picture tube；有些词虽然收了，可是解说不全，如 politician 按美国用法有贬义，tree 和 banquet 可用为动词，pitch 可表示 high-pressure sales talk，dusty 有 not interesting 之意，这部词典都没有告诉读者。学一点语言学，能帮助我们避免偏听偏信，这是值得高兴的。

英语教师少不了要搞口译笔译，在这里语言学也可助一臂之力。近来有不少人写文章谈翻译理论，提出所谓"等值翻译"。可问题是，在哪一层次上等值？在单词平面上等值，不同于在句子平面上等值；在句子平面上等值，到了篇章平面上可能完全不等。比方英国《经济学家》(The Economist) 周刊谈到 1992 年的泰国政治风波时，有这么一句：No cavalry officer holds a senior post in the junta。乍一看来，把 cavalry officer 译为"骑兵军官"是完全等值的；可是考虑到泰国不是产马国，也不以骑兵闻名于世，便可知此句的意思其实是"在军人集团中，摩托化部队军官没有担任要职"。

最近，有一位同事译了一篇东西拿来给我看，开头第一句是"广州是个大城市"，她译为 Guangzhou is a great city。我问她："你这个译法好不好？"她茫然不得其解。我说："如果你这篇东西说的是广州先前是革命策源地，现在又是改革开放的急先锋，成绩卓著，那么'大城市'当然应译为 a great city。可是看原文是对广州环保工作的批评，说这里煤炉多，汽车多，工厂多，污染源多，废气、废水、农药、噪音问题严重，那么把'大城市'译为 a great city，就不如译为 a big city 恰当了。"

搞语言学，还能在一定程度上提高我们的批评能力，对语言作品给以合乎情理的评价。

下面是一段关于某一智能型英汉机器翻译系统的报道，记者显然是充满热情和信心的：

"据了解，该系统目前已达到可以实用化的规模：其词库已有英语基本词汇 405 万条，汉语对应词 25 万条，通用规则 15 万条。该系统用 C 语言编程，可运用于 SUN、SPARC 工作站系列和 IBM/PC 微机系列及其兼容机等多种机型上。操作者只需按键盘上的字母输入英文，屏幕上立即显出汉语译文，同时打字机上输出英汉对照的文件。"

报道到此为止,后头再也没有一个字。

表面上,这段话对技术方面已有相当详细的描写;但是如果看看语用学的会话准则(conversational maxim)第一条,"要充分提供所需的信息",便知道这里还有很大的缺陷。说是"已经达到可以实用化的规模",可是怎么实用法呢?能译什么性质、什么类型的文件?准确性有多大?速度有多高?译前是否要对原文选择和加工?译后是否要对译文校正和修改?这些信息对顾客是十分重要的,然而文内只字不提。如此空洞笼统,能说是一篇好的报道文章吗?

五、照照美国镜子,好吗?

上文谈到了语用学的会话准则,那是美国哲学家 H. P. Grice 提出来的,共有四条。前面已讲了第一条,但是第四条我看也极其重要。这条叫做方式准则,即"说话要清楚简洁"。

有些人告诉我,语言学书刊往往看不懂。我也有同感。

外国语言学论文,有些确是难读,读过了似懂非懂,不得要领。这是什么缘故呢?是因为内容深奥复杂,还是因为作者表达得不清楚,甚至故弄玄虚呢?可能两种因素都有。关于后头这个因素(即违反第四条准则),美国《语言》杂志编者曾经发表过意见,我们不妨看看。

大家都知道,《语言》杂志是美国语言学会的会刊。1989 年,这个杂志的编者向一些人提出了这个问题:"为什么你不读《语言》杂志?"回答很干脆:"The style is indigestible."(文章如此写,叫人看不懂。)

关于这,编者的按语是直率而负责的。他承认,文章难读,这是《语言》杂志和许多学术刊物同有的严重问题。好些论文写得那么艰深,叫人望而生畏,只有内行人,甚至只有小圈子里边的人,才愿意看。编者说,他希望从今以后,《语言》杂志发表的文章都用心写,写得非专攻某学科的人也看得明白。他要求作者们把内容好好安排,把意思表达清楚,多用结构简单的句子,文成后还再三修改,以期合乎风格学的要求[⑪]。

《语言》杂志编者所批评的是美国学者的论文,可是我们国内杂志发表的论文是否都文从字顺、一清如水呢？我们自己所写的东西是否都简单明了，不叫读者头疼呢？美国编者已经挂出了一面镜子，我们自己也该去照照吧？

注　释

① Malone, Joseph L., *Review of Foundations of General Linguistics* by M. Atkinson, D. Kilby and I. Roca, *Language* by E. Finegan and N. Besnien and *A Contemporary Linguistics* by W. O'Grady, M. Dobrorsky and M. Aronoff, in *Language* 66/3(1990): 573 – 579.
② Maugham, W. Somerset, *The Summing Up*, p. 19.
③ 黎天睦：《现代外语教学法：理论与实践》，北京语言学院出版社 1983 年版，第 32—33 页。
④ Crook, David, "Some Problem of Chinese Education as Seen through the Eyes of a Foreigner", in *ELT in China: Papers Presented at the International Symposium on Teaching English in the Chinese Context* (ISTEC), Guangzhou, China, 1985, p. 30. Foreign Language Teaching and Research Press, Beijing.
⑤ Medgyes, Péter, "Queries from a Communicative Teacher", in *ELT Journal* 40/2 (1986): 107.
⑥ *Harper Dictionary of Contemporary Usage*, 1975, pp. 239 – 241.
⑦ Walters, Keith. "Dialectology", in *Linguistics: The Cambridge Survey*, edited by F. J. Newmeyer, 1988, p. 123.
⑧ op. cit, p. 124.
⑨ Akmajian, A., Demers, R. A. and Harnish, R. M., *Linguistics: An Introduction to Language and Communication*, The MIT press, 1980, p. 177.
⑩ "The Editor's Department", in *Language* 65/3: 683 – 684.

（原载广州外国语学院《现代外语》1993 年第 2 期）

Stick to the Basics

With the unfolding of the nation's modernization, Chinese teachers of English have been confronted with a rash of problems. Short in manpower, mostly untutored in modern theories and illinformed about the classroom practice of the outside world, they respond to the country's ill-defined needs with a flurry of tentative measures. As observers of and participants in the work, we wish to present our views and profit by comments from friends at home and abroad.

The Kaleidoscopic Scene

How the Chinese react to the new situation can be seen in the programs offered, the materials used, the teaching methods tried and the earnestness with which they learn from native speakers.

In the four-year programs with English as the major subject, there are diverse tasks and objectives set by various colleges and universities. While many concentrate on general language skills, there are those with special emphasis on literature, on cultural history, on journalism or scientific English.

In programs with English studied as a tool for instruction and intercourse, there are the college English course for the general run of undergraduates, the one-year intensive course for certain special purposes, remedial or refresher programs for people preparing for advanced studies abroad and English lessons broadcast or televised for the general public.

Aware of their own incompetence, both linguistic and theoretical, Chinese teachers of English have been making an eager though unsystematic search for good textbooks and good methods of teaching. No longer satisfied with the vintages of the 1950s and 1960s, they lay their hands on whatever new teaching materials and handbooks on pedagogy available, British or American. They are also developing their own course books and testing their own curriculum designs and teaching methods — with stormy debates rising sometimes.

It is in methodology, perhaps, that the Chinese have learned most from — and often differed from — foreign critics. They are grateful for the searching and illuminating comments, but as believers in prudent and practical measures, they cannot help looking askance at certain surrealistic ideas dear to the hearts of some innovators.

When we teachers at Zhongshan University look at the task before us, it seems to boil down to two questions: what English to teach and how to teach it.

A Base to Build Upon

To the first question, no-one has as yet come up with a clear answer. English teaching in China must meet the needs of the nation, but what a developing country needs is changing and increasing daily and hardly susceptible to exact measurement.

As watchers of the current national drama, however, we would like to venture the opinion that the first essentials for the Chinese student are the core of the language, namely, the basic word stock and grammatical structures together with the phonological features. Many things over and above these may profitably be added, but essentials are essentials. Without the solid linguistic underpinnings, any edifice atop is liable to come crashing down.

At present, English is used in many fields in China. It is a must in diplomatic and cultural exchanges. It is indispensable in trade and banking transactions. To students of high tech and computer science, it is the key to knowledge. The agriculturist needs English to do his studies on seeds and fertilizers, and managers and receptionists of the new hotels are trying to employ the English tongue, which is understood not only by British and American tourists but also by Germans and Italians and even Japanese.

Is it possible, however, to meet the requirements of all fields at the same time? In considering the calls and appeals from all sides, shouldn't we think of feasibilities and priorities?

Before a student speaks English, he must have the linguistic means for speaking. He must be equipped with the necessary words and expressions; he must learn how to fashion intelligible sentences. And the most useful words and grammatical patterns, undoubtedly, are those used oftenest in everyday conversation and ordinary discourse, oral and written. When these are within grasp, when the student has mastered the basic language skills, he will be ready for things more advanced. He can broaden his vocabulary; he can delve into the depths of grammar or explore the wonders of diction. He can, following his own sweet will, turn his hand to any work, popular or technical, plain or literary, and emerge with remarkable success. But he can do this only after he has had a fairly good command of the basic language, and not before.

In stressing the need for teaching the core of the language, we also have in mind the possibility that the future worker in English may be called upon to do first one thing and then another. Since the country is developing and good linguists are still in short supply, he may at one time have to be an interpreter, at another a reporter, and at still another the editor of a magazine, the writer of a manual or the lecturer on a much discussed subject. It is inadvisable, therefore, for the student to have blinkers on and confine himself to one single line. Instead, he should model himself on the multi-warhead missile, capable of hitting many targets simultaneously.

What if the students are devotees of literature? In spite of the aspersions of certain critics, we can see no harm if courses are given in literature or if the students like belles-lettres. We think so because first, literature is thought-provoking; second, literature produced by English speakers is the best introduction to the culture of the English-speaking community; and finally, in literature one will find the most delightful variety of language, although not exactly the talk of the street.

But far be it from us to champion literature as the sole object of study. Of the English majors of Zhongshan University graduated over the years, only a handful are doing literary work. We would have been glad if they were all poets, essayists and novelists, but in that case their productions would have glutted the market, whereas many schools would have gone without English teachers and many offices would have been short of workers in English. Literature as one item on the diet, in our view, is all right, but we don't think it is salutary to have all other items removed.

At the Guangzhou English Language Centre (GELC) set up jointly by Zhongshan University and UCLA, there have been trainees calling for the teaching of English for science and technology (EST) instead of the English for specific purposes (ESP) given there. The geologists were interested in nothing but the English writing treating of the origin, history, structure and composition of the earth, and the engineers would not waste their time on anything unconnected to engines, cars and machines.

Since what the GELC offers is a short, intensive course, the problems the trainees face are different from those of the English majors. We make bold to say, nevertheless, that if the GELC students have learned the basic word stock and grammatical rules, they will be able to puzzle out the meaning of technical literature with a dictionary close at hand. We don't mean that they should study the same material or tackle the same tasks as the English majors, but a good knowledge of the core of language should help them go a long way.

Getting back to the English major, we wish to say that what the nation needs most at present is the generalist in English, a jack of all trades if you like. Such a man knows a little of something although as yet not much about anything. He has the potentiality, however, of becoming a specialist when the occasion arises. At a pinch he can turn his hand to literature, to sociology or economics, to biology or chemistry and produce a creditable piece of linguistic work as a translator, a digester of works or a reviewer of books. His vision is as wide as the national panorama, and he is ready to step in wherever needed. Meanwhile, he is perfectly satisfied with his own job and strives to make a go of it.

Happy Marriage Intended

About the second question — how to teach English, we are glad to say that we are in general agreement with our colleagues at the Shanghai Foreign Languages Institute (see Mr. Zhang Zhen-bang's article, "TEFL at the Shanghai Foreign Languages Institute", *Language Learning and Communication* Vol.1. No.3).

We are of the opinion that between the structural and the communicative approach we Chinese teachers could steer a middle course, for we think the two are mutually complementary, not diametrically opposite. Instead of taking sides in the row between the two camps, we would rather be match-makers envisioning a happy marriage.

We hasten to add, however, that although we mean to teach the students both the basic structures of English and the basic sociological functions, it is still unclear how to translate the idea into reality.

At Zhongshan University, we have no proud records to show. Our English majors in general have learned the elements of the language, but many are still inept at using it. They are mostly poor speakers; they read at a low speed; they often fail to get the gist of a test just because a few new words are staring them in the face.

Like most Chinese students, ours prefer listening to the teacher, especially the native speaker, to setting their own tongues in motion. They may have understood what others said, but are incapable of instant oral response. A few of them are so obsessed with grammar as to be painfully halting, making themselves the despair of teachers, Chinese and foreigners alike.

And yet, in a recent test administered by the Education Ministry to English sophomores nationwide, ours ranked among the better students. With suitable teaching materials and more audiovisual facilities, we could have put up a show more heartening.

What are the chief problems we have to grapple with? Why are our achievements above the average but far from satisfactory? In addition to untrained teachers, poor lab equipment, absence of copious and easy references and ill-defined aims in teaching, we wish to list the following difficulties.

First of all, Guangzhou, like other Chinese cities, has no English-speaking community. English is a foreign language to be learned in the classroom from the teacher, the books, the radio broadcasts and television. Outside the classroom, one hears Cantonese, Mandarin, Hakka and what not, but no English. Consequently, it is far from easy to develop the student's skill in listening to and speaking the Anglo-Saxon tongue. In this respect, Guangzhou is different from Hongkong, where fluency in English could push a man up the social ladder.

Next, one should not forget that structurally English is quite unlike the Chinese language and hard for a Chinese to learn. To the Chinese, it is strange that a single phoneme /p/ could comprise two different sounds [p^1] and [p]. He also lacks the intuition that every English predicate verb carries the sense of time and wonders why he is required to say *women writers* but *infant prodigies*.

The social conventions in English, again, are at times worlds apart from those in Chinese. Why, in receiving a customer, is it an affront to ask him bluntly "what do you want" as the Chinese usually do? Is it sensible to begin a letter to a complete stranger with "Dear Mr. so-and-so" (a transparent lie) and conclude by professing ostentatiously to be his sincere friend? And why a foreign minister is a "foreign secretary" in the U. K. but a "secretary of state" in the United States?

It is considerations like the above that make us think that to learn to be a user of English, the student should first be firmly grounded in both the basic linguistic forms and the basic communicative functions of the language.

But how is the grounding to be done? There seems to be nothing better than constant and multiform practice in the classroom and out. As to the techniques, every teacher can come up with some bright ideas and each is expected to go through and learn from his own trials and errors. There should be, of course, exercises in listening, in reading, in speaking and writing, and pace many of our foreign critics, in translation. There can be exercises first in the shape of isolated sentences, then single paragraphs, then whole compositions. There can be oral questions and answers developing into free conversation, five-minute speeches and wideranging discussions. Classroom activities may, as Christopher Brumfit suggests, aim sometimes at fluency and sometimes at accuracy. Games, role-playing, simulations, etc., could be tried at the discretion of the teacher and his class. All these, we hold, will conduce to better English learning.

Riffling through current literature on language teaching, however, one is surprised to find the word "learning" has somehow gone out of fashion. It is said that a foreign language, like the first one, could and should be acquired without conscious efforts; it is also maintained that things not naturally absorbed cannot be put to natural use. Acquisition of the foreign language is the order of the day; learning is futile and to be discontinued.

With such ideas we beg to differ. Since Guangzhou is not an English speaking community, it is beyond our power to arrange situations for the natural absorption of the exotic tongue. We are sceptical, too, of the pronouncement that linguistic elements learned in a logical, orderly way will never be stored in long-term memory for free use. Anybody knows how hard it is to turn items of passive vocabulary into active ones, but all diligent learners of English have succeeded to a certain extent in so doing, our freshmen and sophomores included.

In the Hawaii Conference in 1982, opinions were voiced that Chinese teachers placed too much emphasis on the rote memorization of grammatical rules and patterns of usage. It should be admitted that some of our colleagues have indeed fastened their eyes on some discrete teaching points and graded the students accordingly. It is also obvious that memorizing a lot of words and grammatical rules does not necessarily lead to the skilful use of the language. Without constant practice in employing English, it is of little help to burden one's soul with the elaborations of lexicographers and grammarians.

On the other hand, it should be pointed out that most of the Chinese teachers are level-headed enough to regard memorization as a means, not an end. The end is the free use of English for communication; the means varies with the students and the teacher. But when one cannot have "total immersion", one has to moisten oneself in certain ways. As experimenting teachers, we still believe that imitation is the mother of invention and that close observation and sedulous, selective aping will foster rather than stifle flexibility and creativeness. In saying this, we take consolation in the fact that all foreign language learners, irrespective of nationality, prize a retentive memory and that "practice makes perfect" is both an English and a Chinese proverb.

Hoping for the Best

Stick to the basics and hope for the best. That seems to be the right choice for us teachers at Zhongshan University, undermanned, undertrained, underequipped and overburdened.

(原载上海外国语学院《外国语》1984年第6期)

Opinions on English Language Teaching in China

Mr. Shaun McNally, an American scholar working at Zhongshan University, wrote a thoughtful article on English language teaching in China. Finding the questions he raised interesting, I consulted many friends and colleagues. How do the Chinese teachers instruct and train their students and how is their performance rated? After weeks of conversations and informal debates, a clear picture was still unavailable. I have got in touch, however, with some noteworthy facts and a lot of opinions unexpected and revealing.

I. A Uniform Pattern?

Some foreign scholars are inclined to think that the Chinese teachers adopt a common method, one quite different from what one sees in the West. Is this true? Do all of them follow a definite, unvaried pattern? The answer I got is No. There is a vaguely familiar way, it is obvious, but there are no hard and fast rules.

Examining their own practice, my friends report that no one, neither the administrator nor the head of the teaching section, exercises any tight control over them. A lecturer says she follows in the footsteps of her tutor; another is loud in his praise for a British book on applied linguistics. A professor asserts that he has no model whatever to imitate, while his coworker compares and selects from the techniques of all her colleagues, both Chinese and foreign. Incidentally, a retiree insists, despite poohpoohs from his fellow-teachers, that the direct method is the best for Chinese students.

It may be noted that though robust and unyielding, the Chinese cultural tradition is not xenophobic. Market economy, a heresy before 1979, has been tried and proved a success. Western medicine has long been widely practised. Family planning, obviously no Chinese invention, has been firmly established in the country. To think that all Chinese language teachers are conservative fails to take into consideration a vast number of them eager to learn and hungering after novel and effective methods.

II. Incentives and Handicaps

Under what conditions does the Chinese teacher work? What are his social status, his financial circumstances and the job he is expected to do? As can easily be seen, all these have bearings on his beliefs, his hopes and the efforts he puts in.

It is beyond doubt that for the Chinese teacher times have changed for the better. Prior to 1978, he was considered a parasite on the state; now he is an honest worker in an important service industry. In former days he was looked askance at as a person of doubtful allegiance; today he is a good channel for international exchange. In recent months it has been stressed that science and technology are supreme among the productive forces, and who helps you to learn foreign science and technology but the linguist who teaches you the literature?

The Chinese teacher of English, though, is handicapped by both nature and nurture. He is no native speaker. Living in the Chinese community, he has few contacts with native speakers. He may have toiled over the English language for long, long years, but most probably he embarked on his career without any teacher training. From neither the administrator nor the head-teacher can he expect much help. He is short of reference materials and teaching facilities; oftentimes his questions go unanswered since there are few conferences to attend; he is not encouraged to visit other classrooms to learn from his colleagues. Naturally, his horizon is narrow and it seldom dawns upon him that he has to get out of his ruts.

It may be noted in passing that in pay the Chinese teacher ranks a little above the street-cleaner but way below the bank-clerk, which is not exactly good for his health or morale.

III. The Task of a Teacher

As it is impossible to generalize on English language teaching in China, we will ask an observer to report on one single subject. He has taken a close look at the Intensive Reading conducted in the English Department of Zhongshan University.

At present, there are three English programs in the university: one for English majors, another for non-English majors and still another for scientists going abroad. In the first program, Intensive Reading occupies a place especially important.

Any one teaching English majors knows that he has two obligations. He has to get the whole textbook thoroughly studied by the disciples; he has also to enable them by all means to pass the national test.

Besides Intensive Reading, there are a slew of subjects to be taken up by the English majors. But the pride of place is given to this subject, which is a catchall encompassing listening, reading, speaking, writing, story-telling, speech-making, etc. The teacher responsible for Intensive Reading is the key figure in the whole faculty; he is looked up to for advice and guidance.

The textbook for Intensive Reading is to be chosen by the teacher, not the administrator. Some teachers like a slim book with plenty of notes and exercises; others take a fancy to a fat volume featuring a variety of genres and styles. An American publication by the name of *English for Today* has been tried and found wanting, since it concentrates on

American life and ignores things Chinese. The book now in use is compiled in China and described as serviceable but not ideal.

Once the textbook is set, it is the duty of the teacher to strive mightily to make the pupils master its contents. This is especially the case with freshmen and sophomores; the upperclassmen may have more room for manoeuvre. But all eyes must be fixed on the final goal — passing the national test.

Across the country, a standard test is administered. It is based on a national syllabus, not on any particular textbook. As the test paper consists mainly of multiple choices, the students have to focus on the language points in each lesson, often missing the important facts and ideas.

How to urge the disciples to go ahead and win high scores? Opinions differ. One experienced teacher-cum-administrator ascribes the comparative success of this university to incessant prompting and prodding; another teacher decries such practice as compulsory and unnatural. At all events, it is a job for the conscientious, patient and resourceful.

IV. The Basic Assumptions

Now we come to the most difficult question: What are the basic assumptions of the Chinese teachers? No consensus has been taken, but our investigators suggest something like the following:

1. In a class session, the teacher is the centre. He should be a model both in speech and in behaviour. He is the director of the drama, not an adviser or consultant. This is the opinion of not only the teachers but also the students, who want to be led, not to take the lead.

2. The business of the language teacher is to teach the language, not logic, history or philosophy. If his students can not speak and write English, he is a failure. If they are incapable of holding forth on supply-side economics or Aristotelianism, he just shrugs his shoulders.

3. Although one learns to speak long before one writes, written

English is valued above spoken by the Chinese. This is because they learn the language primarily from books; also because their chief aim in learning English is to read. Moreover, they have the sneaking suspicion that a glib talker is not necessarily a laical thinker or a man to be trusted.

4. Grammar is a subject of enormous importance with the Chinese. One could memorize 50 new words in a day, they believe, but without grammar one never can make a single utterance.

5. Compared with discourse analysis, the study of syntax takes precedence. If you go wrong with sentence-making, you are unintelligible. If your ideas are not so well-arranged, people can still grasp the general meaning.

6. In connected speech, accuracy ranks above fluency. This belief is reinforced by the exercises set by the textbook, most of which consist of single sentences or short sequences of sentences.

7. Rote learning, though disapproved by scholars, is indispensable to learners. Good language habits can be acquired by repetition and mechanical drills only. Creativeness is enviable, but in the early stages it is unattainable. What is more, while one's stock of knowledge can easily be assessed, originality or invention is hard to measure.

If you ask why such assumptions are held, the reply will be that they are the common sense born of the exigencies of a teaching life. Their rights and wrongs are to be debated, of course.

V. Chinese and Foreign Teachers Compared

In the Foreign Languages Department of Zhongshan University, Chinese and foreign teachers do not play the same part. Intensive reading, grammar, writing and translation are generally assigned to the Chinese, while oral English, linguistics and literature are often taken up by native speakers.

Coming from an English-speaking country and better trained, the

Britons or Americans are welcomed for their specialist knowledge, their wider perspective and the novel way of teaching they are expected to introduce. Since what they aim at and do are mostly unfamiliar, there is bound to be snags in comprehension and collaboration.

When one compares the Chinese teachers with their foreign counterparts, especially Americans, one finds differences in three respects.

First of all, there are the differences in social values. The Americans prize rugged individualism; the Chinese wish to secure consensus. The former's distaste for conformism is strong; the latter are accommodating and slow to argue. To an American scholar, theories and principles are the chief concern; to his Chinese associates, grand ideas must be subjected to tests and trials. People in the U. S. have no doubt that theirs is the best culture (hence the impatience with people who don't follow them); the Chinese suspect that what is good for one nation, say unrestricted sale of guns, may be far from good for old Cathay.

In personal traits, the two are again plainly distinct. Generally speaking, the Americans are self-confident, the Chinese less so. The former exalt aggressiveness, the latter modesty and humility. To the former, the lone wolf is admirable; to the latter, comrades and helpers are indispensable. Consequently, the Chinese appear to be timid and sluggish in American eyes, while American frankness and daring can scarcely be fully appreciated in China.

Poles apart in social environments and upbringing, the Chinese and Americans naturally diverge in their method of teaching. The former put language above all, the latter reasoning and judgment. The former emphasize reading comprehension, the latter free conversation and debates. The Chinese spend a lot of time on grammar and usage; the Americans think good ideas are essential and verbal slips negligible. If the Chinese master is happiest with compliant disciples, the American is always encouraging youngsters who refuse to toe the line.

One theory put forward by an observer is that foreign teachers work best with beginners and advanced learners while the Chinese suit the intermediates better. Another theory is that native speakers are most helpful with social backgrounds and idiomatic usages, while the Chinese are more perceptive in interlingual and intercultural comparisons. Whether such assumptions are justified remains to be seen.

VI. The Prospect

Thanks to the questions raised by Mr McNally, participants in our discussions have had their horizons expanded. During the sessions none has set himself up as a policy-maker or soothsayer, but all try to peer into the future. Things will change, it is believed, and the shortcomings of the current Chinese practice will somehow be remedied.

The teacher of a foreign language will, says a veteran teacher, face challenges in three areas.

In the matter of language the teacher will still have to, first of all, choose his textbook. He will also have to put his pupils through the paces until they are equal to taking the national test.

Can the textbook be dispensed with as suggested by some foreign scholars? Hardly. Without a textbook, the teacher will be unable to plan his lessons, nor will the students know how to make preparation. Extra materials to be learned and extra ways of learning will be introduced from time to time, but the scaffold on which all people are standing can hardly be dismantled.

In addition to class sessions, the students will be engaged in diverse activities. They will have free conversations and debates, visit farms and factories, act as interpreters in trade fairs, view films and TV shows and comment on them, etc. Since they meet with people and things unforeseen, no longer will it suffice them just to memorize things from the book or the teacher's mouth.

While the activities become ever more varied and demanding, what will the teacher be doing? Will he be relegated to the role of an occasional commentator, or will it still be necessary for him to run the show?

In the opinion of the critics, the teacher will remain at the centre of the stage. They cannot imagine a group dance without a choreographer, nor a concert without a conductor. Left to the students themselves, the scene will be chaotic. Absolute freedom in learning may be good for the strongest, but it can never be good for the middling and the weak.

Will the language teacher confine himself to language and care nothing about intellectual development? We hope not. With free conversations and debates started, the students will be digging, with the teacher's help, into reference materials, examining data, weighing arguments pro and con and seeking for new findings shedding light on the issues.

As our conversations continued and the participants went deeper in their enquiry, they came to realize that the language teacher has other functions to perform. He is a facilitator in communication, yes, but he should also be an inculcator of moral principles. In addition to explaining the text, he ought to be an educator, a fosterer of developing minds.

Shouldn't young people preparing for life be shown how to be a good citizen, a responsible worker? Shouldn't they be told that no matter what his occupation, a person should love his country, his town, his parents, brothers and neighbours? Shouldn't it be made plain to him that success can best be achieved with team work and mutual help? Shouldn't they be enabled to see that public interests are above private ones? Shouldn't it be driven home that in a country with 70,000,000 people hovering over the starvation line austerity should remain the motto?

It is also held that a language teacher ought to instil the belief that China must be self-reliant, that she looks upon all other nations as equals, that every foreign visitor is to be welcomed, that all cultures are to be held in respect. As builders of a great nation, the Chinese youth should be open-minded and lend a willing ear to all critics, especially foreigners. At the same time, it must be stressed that problems cropping up can only be solved by the ceaseless muscular and mental efforts of the Chinese people themselves.

Mr McNally's thought-provoking article reminds my friends of another by Linda Ironside, a Canadian scholar working with us ten years ago. "The Chinese are teaching English in a wrong way," wrote she, "but they get results." Looking back, the Chinese teachers feel that they should thank her for her generous remark. They hope, however, that next time she comes, she will find the Chinese working in a way not totally wrong and the results a wee bit better.

(原载《中山大学外国语言文学论文集》,1995)

分光镜下的汉语干扰英语实例

我们学外语的时候，本国语会干扰外语，这是大家知道的。干扰的程度有多大，不易确定。有人估计，外语学生的错误，有三分之一来自本国语的干扰，似乎差不离①。当然我们也要看到，语言之间有共性，例如汉语句子的词序一般是"主语—谓语动词—宾语"，英语也是，这对中国人学英语是有不少便利的。

为了研究汉语怎么干扰英语，笔者最近把20个学生的30篇英语文章细看一下，发现其中有干扰的地方约150处。这些学生在大学里学英语，少则三年，多则五年以上，有的还当过几年英语教师或翻译人员。论天资、学力和钻劲，他们都在中等以上。他们的困难，似乎就是中国一般英语学习者的困难。不过笔者只对少数病例试做一些初步诊断，谈不上精密准确，更谈不上全面。

我们所关心的是：（1）本国语的干扰，在英语作业中造成了什么错误缺点？（2）哪几种错误缺点是主要的？（3）是否有什么补救方法？（4）分析这些错误缺点，对语言理论研究和英语教学有什么意义没有？

下文把汉语干扰英语的地方分为语法、语义和表达方式三大类，每类再分为几个小类。这样做只不过为了便于说明问题，并不是说这么分类最科学，也不是说各类之间此疆彼界，畛域分明。语法、语义、语言习惯和文章风格是密切结合、难以逐层解剖的。分光镜可以把一道光带分成几种颜色，可是在红色与紫色之间并无绝对的界限。

一、语法错误

我们把因汉语干扰而产生的语法错误分为三小类：(1) 词形错误，(2) 虚词用法错误，(3) 结构错误。依我们看，这些错误虽则存在，但在水平较高的学生作业中还是次要问题，因为出现次数不很多，学生如果留神，多数是可以自己改正的。

(1) 词形错误

a. 汉语名词词形一般不分单复数，因此在英语名词应用复数形式时，有的学生用了单数：

* In spite of the frequent *interruption* I managed to stick to the program. （应用 Interruptions。有 * 号的表示错误的句子，下同。）

b. 汉语名词一般既无单复数之分，在词形上自然无可数不可数之别。可是英语名词是要区分可数不可数的，可惜学生受汉语影响，有时把不可数名词也当是可数的：

* The lively chat was punctuated by shouts and *laughters*. （应该说 bursts of laughter。）

c. 汉语动词无时态之分，有的学生因此在该用过去时态动词时却用上了现在时态：

* It is only in recent years that China *lags* behind. （应用 lagged。）

以上三种，第二、第三种出现频率较高。

(2) 虚词用法错误

这里所谓虚词，有人也叫结构词(structural words)，即冠词、介词、连词。

a. 汉语"但是"相当于英语 but 或 while，看具体上下文而定。下句本应用 but，却用了 while：（第二分句中 if you didn't 不好，姑且不改。）

* The teacher would be happy if you made progress, *while* you would be criticized if you didn't.

b. 汉语"埋怨"后头可以跟一个名词宾语，英语 complain 不能这样办，要借助于介词，可是有人不注意：

* We have *a lot to complain* and regret. （应该说 to complain of。）

同样,汉语"决定你将来的工作"应该说 in deciding on your future work,可是作者把"决定"和 decide 等同起来:

* In *deciding* your future work, you must be fully aware of your strengths and weaknesses. （decide 后丢了 on。）

c. 汉语介词"在"有时相当于 at,有时相当于 in 或 on(或 upon)。下句应该说 on(或 upon) my graduation,可是作者用了 at:

* This hope of mine was not realized *at* my graduation from the university.

从 30 篇文章看来,不会用连词的较少,不会用介词的较多。

d. 汉语没有冠词,因此学生有应用冠词而不用冠词的情况:

* I'll make it in '80s. （应该写 in the eighties。）

冠词用法难以掌握,尽人皆知,但是应用冠词而不用的例子不多,倒是不应用而用的更为常见,那不能说是从汉语句法类推出来的。

（3）结构错误

结构错误已发现的有好几种:

a. 介词位置摆得不对,例如:

* This is a good place to live *in* and study. （本应说 to live and study in,因为在汉语"居住和学习的好地方"中,"学习"后面不需要介词,搞糊涂了。）

b. 不需要介词而用了介词:

It's no use to lament *for* one's past. （这是"为过去的事情伤心"的直译,for 可删去。当然, lament for the past 不是不通。）

c. 定语位置不对:

I met the country woman teacher. （这是依照"乡村女教师"的格式。country 是修饰 woman 还是 teacher 的? 一下子不易看清。改为 the woman teacher in the village [或 in the rural area] 就好得多了。）

d. 由于词序搞错,状语变成了主语:

* I hope to make some perceptible progress in the next five

years, *each year reaching a new goal*. (这分明是"每年达到一个新目标"的直译,应该改为 reaching a new goal each year。)

  e. 按汉语"一本《新闻周刊》"的格式构成英语名词短语:

  * I took up *a Newsweek* from the desk. (应该说 a copy of Newsweek。)

  f. 按汉语"太大的野心"的格式,把副词 too 放在英语名词短语之前:

  * I dare not cherish *too great ambitions*. (应该说 I dare not be too ambitious,或 I dare not cherish any inordinate ambitions。)

  g. 按汉语"虽然只有两页"的格式构成英语状语从句:

  * *Though only two pages*, it contains many new words. (应该说 though only two pages long。)

  结构错误出现不少,可是我们先前并不知道这是汉语规则在支配着作者的句子构造,只怪他没有学好英语语法。发现了这一点,笔者觉得很有意思。

二、意义错误

  英语句子的意义错误产生于用词不当,用词不当又产生于不懂词义或片面理解,这是个频繁出现的、复杂的、难以解决的问题。根子是把汉语单词的意义和似乎同义的英语单词当是一一对应,而不知道二者只是交错而非重叠。

  意义错误大致可分为四类。

  (1) 误解英语词义

  这一类作者并不认识英语单词的真实意义,例如:

  a. 以为既然"处理"是 treat,那么 maltreat 就是"处理得不好":

  * If not *maltreated*, grammar could be interesting. (应该说 if not mishandled 或 if well taught。)

  b. 以为既然"文字的"是 literal(如 a literal error),那么 literally 就是"用文字"或"用书面":

  * I can communicate both orally and *literally*. (应该说 by writing。)

c. 既然"养鸡"是 to rear poultry,"养牛"是 to rear cattle, 那么"养许多人"应该是 to rear a large population 吧?

* We have a large population to *rear*. (按作者本意应该说 to feed。)

d. 既然 hearsay 是"传说",那么"最近传说被证实"似乎可以这样说:

* The *hearsay* has recently been reaffirmed. (应该说 The story has been substantiated。)

(2) 片面理解英语词义

这一种人懂得汉语释义,可是不知道一个英语单词不止一个意思,在不同的上下文中能表示不同的意义。例如:

a. 以为既然"低"是 low,那么"低于别人"、"才能不如人"也就可以说 low:

* You may be *low* in a certain field of study. (应该说 You may be behind 或 You may not excel。)

b. 因为"怕打雷"是 scared by thunder,于是便以为"怕路途远,障碍多"也可以用 scared:

* However long the way may be and however heavy the handicaps, I won't be *scared*. (应该说 daunted。)

c. 晓得"知道"是 know,因此猜想由不知变为知也可说 know:

* I was not surprised to *know* that my classmates were better than I. (应该说 find。)

d. 知道"敏感"是 allergic,因此就推而广之,在表示"对语言敏感"时也用这个词:

* I have grown *allergic* to the usage of English. (应该说 sensitive。)

e. 更有趣的是因为"谈"是 talk,所以"简直不谈基本训练"也当是等于 no talking about basic training,事实上此地"不谈"乃是"不讨论"、"不考虑"的意思:

* There was literally *no talking about basic training*. (应该说 no consideration taken of basic training。)

语言教学 35

(3) 勉强拼凑，词不达意

一串单词的意义，并不等于其中各单词的意义的总和。有的单词串起来有意义，有的单词串起来可毫无意义。下面这几串英语单词，是按汉语格式拼凑而成的，所以文理不通。例如：

a. *I started to study English literature *with the barrier of language.*（作者的意思是"我开始学英国文学，有语言障碍"。如果说 under the handicap of language，那还可以懂得。用 despite the barrier of language，当然更好。）

b. *The more he sees, *the less he knows he understands.*（原意是"他看得越多，就越知道自己懂得少。"可以说 The more he sees, the less he feels he understands，或者 The more he sees, the more conscious he becomes of his own ignorance。）

c. *This necessity will compel me *to raise the Chinese level.*（"提高中文水平"应该说 to improve my Chinese。）

d. *I belong to those* who are unwilling to follow the beaten track.（"我属于那种人"应该说 I am one of those ...）

(4) 硬译中文熟语

汉语有些口头语、成语或常用的比喻，在英语中是不存在的。把它硬译成英语，就令人无从索解。例如：

a. *Our problems cannot be solved by *practising close-doorism.*（"实行关门主义"应该说 adopting the close-door policy。）

b. *At that time they believed in *the parentage theory.*（"血统论"似可以说 the fallacy that family backgrounds determine everything。）

c. *The students learned some grammatical terms and *applied them like ointment.*（"像万金油那样使用"可以说 applied them indiscriminately。）

d. *I wish to *depict our society in its true face.*（"描写我们社会的真实面貌"可以说 depict our society in its true colours 或 show the true face of our society。）

e. * My mind *is as blank as a piece of paper.*（"好像一张白纸"不能直译,只能说 is a tabula rasa 或 a blank slate 或 unprepossessed,看具体上下文而定。）

以上例子证明,由于汉语干扰而英语作业词义不明,句义不通,是不可否认的事实。有人以为只要弄通英语语法,又认得了一些英语单词,就能随便用英语表达自己的思想,那恐怕是过于乐观。事实上,有不少人把英语语法规则背得很熟,词汇量也不小,可是写起文章来就是词不达意,不知所云。长期在中国工作的美国专家 Sol Adler 指出,我国出版的英语书报有不少中国式英语[②],看来根子就在于作者通过汉语译文来理解英语,并且依照汉语的框框来行文造句。

三、表达方式错误

懂得了英语语法,掌握了英语词义,写起文章来还有表达方式对不对、好不好的问题。在这方面,汉语同样会干扰英语。有的学生的文章生硬晦涩,钩章棘句,读起来好像骨鲠在喉,吞不下去,这多半是由于打不破汉语的牢笼。

（1）单词搭配不当

汉语句法有与英语相同的,有不同的。即使英语容许按汉语词序造句,在词汇选择方面还煞费斟酌。例如:

a. "学习"是 learn,可是"学习理论知识"不能用 learn:

* I have to *learn* some theoretical knowledge.（应该用 acquire。）

b. "虚心"是 modestly,可是"虚心学习"不能用 modestly:

* He learned *modestly* from the fellow-students.（应该说 learned humbly。）

c. "引起注意"是 draw one's attention,可是"引起关注"不能用 draw:

* The demand *draws* the particular concern of the public.（用 arouses 才妥当。）

d. "得到一块土地"是 acquire a piece of land,可是"得到一个机会"不应说 acquire:

* I *acquired* the opportunity to study English.（要用 had 或 got。）

e. roll 是"转",可是这样用就错了:

* The question has been *rolling* in my mind. （应该说 turning in my mind。）

f. "树木参天"可以说 tower in the sky, 可是这个英语短语和 foliage 搭不上：

* The *foliage* of the banyan trees towered in the sky. （用 trunks 才行。）

g. "把理论付诸实践"是 to put theory into practice, 可是"把决心付诸实践"得用另一种说法：

* I'll *put* this determination *into practice*. （用 carry out this determination 勉强可以，但是不如 carry out this decision。）

h. "历史的使命"在英语有个固定的表达方式，不能像下句这样说：

* It is our *historical obligation* to modernize our country. （应该说 historical mission。）

有的汉语词组不能逐词翻译为英语，必得加以剪裁修改。例如：

a. "文学书"英语不叫 literary books：

* I've read some *literary books*. （通常说 literary works。）

b. "深厚的基础"不能说 a profound foundation：

* A *profound linguistic foundation* is the first requisite. （应该说 a good grounding in the language。）

c. "长期的愿望"不是 a long-time desire：

* This has been my *long-time desire*. （应该说 my long-cherished desire。）

d. "一辈子的事情"不是 a lifelong matter：

* This is a *lifelong matter*. （可按具体上下文译为 a lifelong job, work for a whole lifetime, 或 something that will affect one's whole life。）

e. "彻底粉碎"在汉语中是常见的，可是英语 shatter 并不需要 completely 这个状语：

* All my hopes were *completely shattered*.

f. "记下"不能说 record down：

* I wish to *record down* our life and struggles. （可以说 make a record of 或 put on record。）

g. "资料"是 data，可是"资料室"不是 data 加 room：

* We make full use of the *data room*. （可以说 reference room 或 reading room。）

h. "当代小说"不能说 present-day novel：

* I opened a *present-day novel*. （可以说 a contemporary novel。）

（2）与上下文不相呼应

这也是个词与词的配合问题，不过选用哪一个词，不是看那跟它紧贴的词，而决定于整句或上下句的意义。这里我们同样发现汉语会干扰英语，例如：

a. "三方面作战"不能这样说：

* I had to fight a battle on three *sides*. （应该说 on three fronts。）

b. "戴上反动权威的帽子"不能说 crowned：

* In those years venerable professors *were crowned* as "reactionary academic authorities". （应该说 were branded。）

c. "他给我留下一封信"可以说 He left me a letter，可是"他给我留下深刻的印象"不能照套这个格式：

* He *left me indelible impressions*. （应该说 He left in me indelible impressions。）

d. "女羊倌、女运动家、女拖拉机手……这些从前都是我所喜爱的职业"，在汉语是可以懂得的，可是直译为英语就不通：

* A *shepherdess, a girl gymnast, a woman tractor driver* ... all these were my favorite *occupations*. （应该说 All these were what I wanted to be。）

（3）硬套汉语表达方式，不会伸缩变化

汉语有些说法，英语要是照套，那就或者词繁语赘，或者生硬别扭。例如：

a. "后来几晚上"不能说 in the following few evenings：

* It was the same *in the following few* evenings. （这里 few 应删。）

b. "一点头疼"在下句说法不好：

语言教学　　39

* This matter gave me *a little bit of a headache.*（应改为 something of a headache。）

c. "实现四个现代化"在汉语是常说的,to realize the modernization (of our country)在英语可是重床迭架:

* The whole nation wanted to *realize the modernization of our country.*（可说 wanted to modernize our country 或 wanted to see our country modernized。）

d. "养成良好的发音习惯"不必这样说:

* I have *cultivated a good habit of pronunciation.*（说 cultivated a good accent 就够了。）

e. "泛读材料"译为 extensive reading material 未免冗赘:

* *Time* and *Reader's Digest* will be used as *extensive reading material.*（较好的说法是 used in extensive reading。）

f. "理解能力"这样说更是画蛇添足:

* His *comprehension ability* is sound.（ability 应删。）

另一方面,汉语很简短的说法,英语可能要拉长。下头是一些例子。

有时照汉语翻译简直不通,例如:

a. "申请出国留学"不能说 to apply to study abroad:

* We *applied to study abroad.*（应该说 applied for permission to study abroad。）

b. "书中的事情"不能说 its events:

* Reading the novel, I was deeply interested in *its events.*（应该说 the events narrated。）

c. "有血有肉的人"不能说 flesh-and-blood individuals:

* I wish to give a vivid picture of those *flesh-and-blood individuals.*（应该说 those individuals of flesh and blood。）

d. "没有语言天才"这样说也很别扭:

* I was *not born* with a *language talent.*（应该说 not born with any talent for language。）

有时汉语的意思用英语表达要换个字眼,例如:

a. "代表"有时不该用 represent 这个动词:
* I have read some books *representing* different periods of English literature. (改为 representative of 要好得多。)
b. 汉语单词"否定的"在这里应改为英语短语:
* The answer is *negative*. (用 in the negative 才对。)
c. "断断续续地"在下句不应用一个词 discontinuously, 而应用副词性短语:
* During the Cultural Revolution I learned English *discontinuously*. (应用 off and on。)
d. "教师的很长的假期"在下句的说法也未免拘泥于汉语格式:
* The long vacations of the teachers excited my envy. (从整句意义看来, 应该说 the long vacations enjoyed by the teachers。)

(4) 措辞不合身份

有些作者措辞不合身份, 这也是由于照套汉语格式所致。例如:
a. * *Owing to* my father, I had a good pre-school education. (用 thanks to my father 要适合些。)
b. 汉语"我和我的同学", 先提"我", 再提"同学", 并无自高自大之嫌, 在英语可要倒过来:
* There is a big gap *between me and my fellow-students*. (一般应说 between my fellow-students and myself, 原文说的是自己不如同学, 更应如此。)
c. 有一篇文章用的是书信形式, 作者写信给他的老师, 照汉语习惯对他叫 my teacher 来表示敬意:
* If *My teacher* would listen to me, I would be grateful. (应该说 you, 或 you, my dear teacher。)

从上述各例可见, 在表达方式上, 汉语对英语的干扰是多方面的, 形形色色, 不一而足。表达方式与语法、意义、语言习惯、作者心中的意象、作者所熟悉的文化背景和社会风尚、作者的一般语言素养、逻辑思维能力和审美能力交织在一起, 有时很难确定哪一个或哪几个因素起主导作用。可是只要细心观察, 就不难看出前面那些英语句子都有个汉语的烙印。

四、不成熟的意见

我们初步研究了一些病句,现在不妨谈谈自己的感想和猜想。

(1) 中国人学英语,受到汉语干扰是必然的,不可避免的;不必为此懊恼,更不要怪学生头脑不灵。非但中国人如此,就是英美人,做翻译工作做多了也难免受汉语影响,这一点 Adler 说得很坦率③。我们不应该埋怨干扰,而应该努力减少干扰,排除干扰。

(2) 汉语对英语的干扰,似乎在低年级主要在语法,在高年级主要在语义和风格。尽管有人批评句型练习死板呆滞,它在排除母语干扰,培养正确英语习惯方面还是有用的、必需的,只不过要灵活运用。

(3) 认识英语单词和短语的真实意义,主要靠词典,而词典里最重要的材料又是用例和引文。定义和解释是从例句和引文推究绎出来的,例句和引文并不是定义和解释的附件,可有可无。这一点许多学生不懂得,所以不能很好地使用词典。

(4) 句义问题和表达方式问题最难解决。词典能给我们一些帮助,可是最要紧的还是作者自己对英语作品再三玩味,有会于心。英美人凭直觉来判断一句话说得对不对、好不好,我们对英语没有自然形成的语感,只好慢慢地琢磨体会,把敏感性培养起来。如果有人能划几条杠杠,让我们有规矩可循,那当然好,可是这种想法恐怕不现实。

(5) 既然高年级生的主要问题不在乎语法,那么对他们多讲乔姆斯基式的转换规则就未免无的放矢。作为理论研究,不妨讲讲,在实际教学中,这不会有什么大效果。

(6) 乔姆斯基区分语言行为(linguistic performance)和语言能力(linguistic competence),说语言行为会有失误,跟语言能力不是一回事,这有其道理。可是估计一个人的语言能力,到底不能不凭他的语言行为,故此两者不能截然分开。说语言行为不重要,语言能力才重要,那不是偏见,就是近视。高谈抽象的语言能力,可以写论文,甚至可以著专书,然而不能解决实际问题。

(7) 错误分析是有用的,可是这要由通晓两种语言的人来做,才能讲到点子上。外籍教师不懂或不精通汉语,中国教师英语学得不那么深透,做起来都有困难,可是后者或许比前者条件好些。不过,谈谈错误分析的重要性虽则容易谈得眉飞色舞,但是动起手来,那工作可是琐碎的、枯燥的、麻烦的,要花很多时间的,这也许是这种研究进展不快的原因。

（8）现在已经有些人在搞语言对比分析,并且主张这种分析应该超出单个句子的范围,扩大到整篇话语的结构,也应该超出语法的范围,扩大到语义学、社会文化学和语言心理学④。这个建议我们完全赞成。可是我们还同意 P. H. Breitenstein 的看法,那就是:把两种语言详尽而周密地对比,旷日持久,可能需要 50 年以至 100 年。待河之清,人寿几何,外语教师实在等不得。而且即使工作完成了,也一定卷帙浩繁,材料山积,教学时怎么挑选使用,还是一件挠头的事情⑤。比之科学性很强的对比分析,错误分析诚然有不系统、不全面的缺点,可是如果是检查教材是否适用,练习是否安排得当,尤其是学生在哪些方面学得不够,懂得不透,需要指点、纠正、启发,那么读十本语言对比学专书还不如给学生作业作一次错误分析。

（9）最后,我们还有一个小建议:错误分析非但老师要做,学生也要做。师生合作,共同研究,成绩必定可观。不会解剖自己的学生,难望有很大的进展,因为不论老师如何尽心竭力,也不能把学生的作业篇篇改,篇篇讲评。而且就是改了,讲评了,要是学生不动脑筋,不举一反三,在碰到新问题时依旧会视而不见或者束手无策。打开天窗说亮话,英语也跟别的语言一样,似乎是那么个东西：It can be learnt, but can hardly be taught.

注　释

① Jack Richards (ed.), *Error Analysis*, 1974, p. 105.
② Sol Adler, "A Talk on the Translation of Volume V of *Chairman Mao's Selected Works*",载《翻译通讯》1980 年第 1 期第 11—18 页。
③ 同上第 11 页。
④ R. J. Di Pietro 著,陈平译:"欧美对比语言学的发展概况",载《国外言语学》1980 第 2 期第 34 页。
⑤ P. H. Breitenstein, "The Application of Contrastive Linguistics", *English Language Teaching Journal*, Vol. 33, No. 1 (Oct. 1978), pp. 21 - 26.

（原载上海外国语学院《外国语》1980 年第 6 期）

语法·翻译法活用举隅

在外语教学中,"语法·翻译法"曾受过许多人的訾议。人们说这是落后的方法,可是我不敢随声附和。我以为,翻译法非但历史悠久,而且事实上也有需要。问题是如何灵活运用它,使学生既学好汉译,又提高英语水平。翻译法,其实也跟听说法、交际法一样,是重要的语言教学法之一,无论贬低它还是夸大它的作用,都是不明智的。

通过翻译提高语言能力,又通过语言练习提高翻译能力,方法很多。限于篇幅,这里只谈三种。

(1) 下面这篇短文没有什么生词,可是利用翻译法,能引起学生的注意,启发学生的思考,使他们的理解能力和表达能力都向前发展。

Diane Disney Miller recalls a surprising discovery she made as a child:

I didn't realize what my father did for a living until I was six. Then a playmate at school told me. That night when Father came home, he flopped down into his easy chair. I approached him with awe. He didn't look famous to me. I asked, "Are you Walt Disney?"

"You know I am," he said.

"The Walt Disney?" I insisted.

He looked startled; then he grinned and nodded.

Whereupon I said the five words he must have thought he was safe from in the bosom of his family: "Please give me your autograph."

这里用不着翻译全文,只要向学生提出几个问题:

a. Diane Disney Miller 你们看是 Walt Disney 的什么人？（这个问题容易回答：是 Walt Disney 的女儿。）

b. 从文章看来，Walt Disney 是什么样的人？（在考虑一番之后，学生会说是一个有名的人。原因是他们在心里译出了两句："我满怀敬畏地走到他跟前。但是看来他不像是个有名的人。"）

c. Walt Disney 是专有名词，按语法规则前头不应加冠词，为什么原文说 the Wait Disney？（这个问题会叫学生作难，但是聪明的学生会想出正确的译法："就是人人常说的那个 Walt Disney 吗？"解决了这个问题，大家都感到高兴。）

d. 为什么 Walt Disney looked startled？他怕的是什么？为什么他以为在家里就 safe from the five words？safe from 又是什么意思？〔这些又是难题。可能过了一段时间才有人回答："Walt Disney 意想不到自己的女儿有此一问（'The Walt Disney?'）。他在外边老是有人麻烦他，要他签名作为纪念，以为回到家里就不会有人提出此种要求了。"这样想了一会儿，学生就体会到，末句很风趣。〕

（2）让学生细读一段文章，然后提出几个问题。

文章是：

> Men and women planning to remarry generally have a financial history, which includes not only individual property (or debts) but ways of dealing with money. He may see money as something to save for a rainy day; she may see it as the down payment on a new car. He may abhor the use of a credit card; she may see plastic as the only way to go.

问题是：

a. Something to save for a rainy day 是什么意思？（回答：省下几个钱，以备不时之需。）

b. The down payment on a new car 又是什么意思？（查过词典，知道是用分期付款的办法买新车，先交一笔现款，其余往后再付。）

c. 什么是 credit card？（词典说，是发给顾客的信用卡，可以凭信用赊购商品。）

d. See plastic as the only way to go 又是什么意思？（这个问题什么词典也没有解答,它迫使学生把语言与文化背景结合起来,深入思考。当然,他们还是努力使用翻译法来找答案的。最后也许有人找出可用的译法:"认为使用信用卡是唯一可行的办法"。原来这是双关语,plastic 一方面表示信用卡用塑料做成;一方面又表示用钱有伸缩性,即先购货后付款,而不是"银货两讫"。）

（3）用倒译法学翻译,既能提高翻译技巧,又能使学生清楚地认识汉语和英语在哪些地方不同。

下面是一段英语文章。先把它译成汉语,让学生倒译为英语,然后把原文拿出来,让学生把自己的译文和原作细细比勘。这种做法能使学生憬悟两种语言的微妙区别。

原文如下：

> Fat was once a fashionable symbol of wealth in Asia. But times have changed. The bulging belly is fast gaining a reputation as a burden at best, a killer at worst. Asians are increasingly concerned about their health. And so are their governments and companies. Throughout the region, slim is most definitely "in".

这段文章并不难懂,但是妙处未必人人都能领略,更不易说明。原来这里有两点值得学生注意：一是英语的词义内涵和句法结构都与汉语不同；一是本文有俏皮意味,又与庄重体的英语文章不同。认识了这两点,阅读能力就提高一些,翻译能力也会有进步。

英语原文已见上面,汉译这里姑且从略。下面说的是学生做过倒译练习之后可能有的体会：

a. 原文第一句 Fat was ... 学生会译为 To be fat was ... 因为这是常规写法。但是这句用 fat（形容词）为主语,与末句用 slim（也是形容词）为主语,都是仿照 Langston Hughes 的诗句 Black is beautiful。这是特殊句法,在现代报刊上颇为流行。

b. 第二句 times 汉译为"时代",倒译为英语时,许多人会写 the age。

c. gaining a reputation 汉译是"被认为",人们会倒译为 being regarded as。这不算错,但是与原文比较之后,学生会认识到,reputation 在这里是贬义而不是褒义,与 fame 不同。

d. killer 汉译是"致死的原因",倒译很难还原。一般会写 the cause of death。

e. And so are ... 这个倒装句是英语所特有,汉语无法模仿。

f. "in"用于 fashionable 的意思是目前流行的俚语,这个词使本文有新鲜俏皮的味道。

"语法·翻译法"已经完全过时了吗?化腐朽为神奇,我看是可能的,只要多动脑筋,多想办法。

(原载广州外国语学院《现代外语》1985 年第 3 期)

语言和文化

一、问题的提出

听见我说教外语要注意文化问题,老朋友韩先生来提抗议了:"我教英语教了30年,从来不谈什么文化,也不觉得有谈的必要。你出这个新主意,是不是要给外语教师和学生加上无谓的负担?"

"你干过什么,自己弄清楚了吗?"我反问。"也许30年来你一直是既教英语又教文化呢。"

"怎么会?"他感到茫茫然了。

"你教过 Eckersley 的 *Essential English* 吧? 在那本书里,不是讲了 Mr. Priestley 这个英国中产阶级人物如何生活吗?"

他点点头。

"你教过美国人编写的 *English for Today* 吧? 在讲课时,你不是讲了美国的生活方式吗?"

他又点点头。

"前天李敏跟你打招呼,说'Good morning, Teacher Han',你不是告诉他,teacher 是职务,不是称呼,不能像 Mr., Miss, Professor 那样放在姓名前边吗?"

"我告诉过他。"

"那就是讲了英语国家的文化。昨天晚上你路遇何秋明,她对你说,'Good night, Professor Han',你怎么回答?"

"我当然要指出,晚上相遇时该说 Good evening,告别时才说 Good night。难道我这个老教书匠连这一点也不懂吗?"

"这也就是讲了文化。"

"讲文化,原来是这么简单的一回事啊。"

"说它简单,行,说它不简单,也行。请看看这幅 Kyocera 照相机的广告,那可不怎么简单吧?"

他接过广告,念念那标题:

The Challenge Of Future Creating A Better World Because Tomorrow Comes Yesterday, Today And Tomorrow (*Newsweek*, Feb. 2, 1993)

"这算什么广告!"他嚷嚷起来。"简直是天书,或者是 T. S. Eliot, Dylan Thomas 的诗句。我不明白它说些什么。……啊,我懂了,原来它的意思是,因为未来向我们挑战,世界才有进步。就是到了明天,也还有过去、现在、未来。未来的挑战永远没有完结,所以世界进步也永远不会停止。"

"对了,你真不愧为老教师,讲道理讲得这么透彻。可是你注意了没有——你这几句话既讲了词语,又讲了意义;既讲了广告内容,又说明了现代诗风。文学和广告,艺术和交易,雅和俗,语言和文化——这些并不是独立王国,彼此隔绝,而是正如老子《道德经》所说,'鸡犬之声相闻'啊。"

二、文化与词汇意义

打发了韩先生,我们该进一步研究文化与语言的关系了。让我们先看看文化是什么,语言是什么,然后看看文化与词汇意义有什么关系。

语言是什么?这个名称有两层意思:一方面,它指人们在交际过程中所用的一种符号系统,如汉语、英语,由语音、语法、词汇构成;另一方面,它指人们在交际过程中说出的话,写出的书信、文件、文章。

文化是什么?这个词内涵丰富,是人类所创造的一切物质财富和精神财富的统称,包括饮食、器具、舟车、房屋、社会组织、政治制度、经济制度、风俗习惯、学术思想等等,语言也在其内。

语言是文化的一个组成部分,又是文化的载体,文化的传授和传播必然借助于语言。语言受文化的影响,反过来又对文化施加影响。

在某些人看来,学语言,譬如学英语,就是掌握它的语音、语法、词汇。这些东西掌握住了,英语就学得差不多了。例如 queen 这个词应该记住它的发音、词法特点、句法特点,把这个词与别的词串起来:the Queen's crown 是女王的王冠,the Queen's carriage 是女王马车,the Queen's palace 是女王的宫殿。

可是读书时只把单词按字面意义串起来,而不问它的文化背景,有时是行不通的。比方看字面,the Queen's speech 是女王的演讲词,可是实际上它所指的是英国首相的施政方针,通过女王的嘴巴说出来。the Queen's English 不是指英国女王的具体言辞,而是指正宗英语、标准英语与说话人头上有无王冠无关。应当注意,the Queen's English 虽表示正宗英国英语,the President's English 所表示的并不是正宗的美国英语,而只是总统个人的英语。例如里根总统就多次被人嘲笑,认为:The President's English leaves something to be desired.

我们是学英语的人,当然关心英国的教育词汇。不过,要是对英国文化毫无所知,你就不能理解某些词汇项目的意义。Grammar school 看字面是"语法学校",实际上是为培养升大学的学生而设的中学。University 是大学,college 是学院,可是伦敦大学有个学院名称似乎很怪,叫做 University College,那是个特殊机构,课程是多科性的,但是授予学位要由大学部负责。由于文化背景不同,一个名称还能有不同的意义,例如 public school 在美国指公立的、不收学费的普通小学或中学,在英国则专指一种私立的寄宿学校,是为培养将来要升学或从政的英才服务的,既非公立,也不平民化。由此可见,文化与词汇意义有千丝万缕的、有时是外国学生意想不到的关系,在学习外语时必须处处留神。

三、文化与语法

上面谈了词汇意义问题。不同的民族文化能创造出不同的词汇意义,这一点一经指出,人们便深信不疑。语法呢,文化也跟它有某些关系,但是往往是间接的,而且并非普遍存在,所以人们未必充分注意。

英语教师常常对学生指出,介词的用法往往是刻板的,没有理据的。为什么说 We look after him,但是又说 We watch over him 或 We take care of him 呢?为什么既有 We have confidence in him,又有 We place our reliance on him 和 We place our trust in him 呢?表示我们喜欢他,同是一种情感却有三种不同的语法格式:We are fond of him; We have a liking for him; We take a liking to him。要从客观物质现象中寻觅使用这些介词的原因,那是白费工夫的。

但是另一方面,有些句法结构确是以客观物质现象为基础的,可是人们往往只注意应该用什么介词,却不去追究使用这些介词的原因。我们知道,可以说 to sit *in* a chair,也可以说 to sit *on* a chair,但是 *Longman Dictionary of Common Errors*(Longman, Beijing, 1987, p.21)指出,"人坐在大扶手椅上"只能说 She was sitting *in* a big armchair,那显然是因为人小椅大,看来是坐于其中。同书 49 页指出,I must have left my coat *in* one of the drawers in the dressing table 是错误的,这也分明是由于梳妆台抽屉小,一件 coat(那可能 suit coat, top coat 或 overcoat)那么大,挤不进去。

有的外国出版的书能指出中国学生在语法上会出什么错,但是不能说明错误产生的原因。我们中国人会一看就了解这是由于英汉两种民族心理不同。在 *International English Usage*(1986, Croom Helen, London)186 页,Loretto Todd 和 Ian Hancock 告诉我们两点:(1)在英国人要说 I was told ... 时,中国学生往往说 Some people told me ... ,以主动语态代替被动,这是因为在中国人眼里,施事者的形象比受事者突出。(2)在英国人会说 I spoke to him yesterday 时,中国学生会说 I have spoken to him yesterday,这是因为中国人觉得,一种行为与它发生的时间是两回事,正如这种行为与它发生的地点是两回事那样,应当用两个词语来表述,而在英国人看来,行为与它发生的时间不可分离,正如糖之与甜那样,说 sugar 就包括甜味了。

在使用人称动词时,中国人和英国人脑子里那幅图画有同也有异。关于第一、第二人称代词,英、汉语都不分性别;关于第三人称,汉语统称之为 ta("他、她、它"只是文字上的区别),英语可要分为 he, she, it。在谈到一个婴孩时,英国人可以分性别或不分,可是在说 Here is her baby; She's lovely 时有爱恋之情,在说 The baby threw its food on the floor (*Oxford Advanced Learner's Dictionary*, 1989)便没有这种情感了。

由此可见,虽然语法关系比较抽象,民族文化在语法上也隐隐然留下它的印记。

四、文化与语用

在某些人看来,学英语最重要的是做到正确,其实更重要也更难的是做到得体。在特定的时间、特定的地点、对特定的人说出特定的话,这就是得体。如何做到得体,这是语用学的研究目标,可惜这方面成绩还不多。

中国人说"恭贺新禧",祝贺中透露敬意;英国人说 Happy New Year,同样是祝贺,可是没有那种毕恭毕敬的神情。英国人说 I wish you every success,在商场中这话就意味着发财,可是比较抽象;香港人说"恭喜发财",这样心直口快的话不能按字面直译为英语来使用。什么话常用,什么话不用,这是由民族文化决定的。

在中国,管一个人叫"韩先生"、"韩同志"、"韩书记"、"韩老板"还是"老韩",大有讲究。在英语国家里,也有同类的复杂问题。在 *One-upmanship* 这本书里,Stephen Potter 举了一个例,说明某一位局长如何称呼他的下属。譬如,有一个人名为 Michael Yates——

他若是副局长,局长叫他 Mike(称名用昵称);

他若是助理局长,局长叫他 Michael(称名不称姓);

他若是段长,局长叫他 Mr. Yates(称姓加 Mr.);

他若是段长助理,局长叫他 Yates(称姓不称名);

他若是得力的秘书,局长叫他 Mr. Yates(称姓加 Mr.);

他若是学徒工,局长叫他 Michael(称名不称姓);

他若是夜班警卫,局长叫他 Mike(称名用昵称)。

为什么如此,不能以三言两语把它说明(*Cambridge Encyclopedia of Language*, 1987, Cambridge University Press, p.45)。

表示歉意,可以说 I am sorry,也可以说 Excuse me,但是使用范围不同。例如:(a)自己有约而迟到了,可以说 Excuse me for being late 或者 I am sorry that I'm late。(b)向人问路,一般只说 Excuse me, can you direct me to the railway station? 不会说 I am sorry。(a) 相当于"对不起";(b) 相当于"借光"。

英语有些常用的客套话,中国学生往往摸不清它的底细。I'm not sure I'd like to do that,表面看来似乎要研究什么问题,其实是拒绝对方的要求。I think we could all do with a good night's sleep,说得干脆一点是 I want to sleep。以上两句话都引自 *Collins Cobuild English Language Dictionary*(1987),是从语料库中找出来的,不是词典编者自己杜撰的。

也许你不喜欢这样绕弯子说话,可是人家说了,你总得听懂他的意思。客套话是民族文化的一个重要成分,例如我们中国商人说,"欢迎贵宾光临",辞藻如此富丽,说穿了,不过想人家多买点东西而已。

五、民族文化与语言的评价问题

如果我那位老友韩教授回头看看,他会发现从 50 到 90 年代,搞外语的人视线逐步转移:由单词转到词语搭配和句子结构,由单一句子转到句子系列,由语言形式转到内在意义,由话语本身转到社会背景和交际作用。最近十年来,由于国际交往日益频繁,民族接触日益增多,因文化不同而产生的隔阂、阻碍、误解和摩擦必然加剧,须得下一番解释、沟通、协调的工夫,于是文化研究便兴盛起来。就中国来说,在闭关锁国时期,还可以不管人家的文化,可是如今是改革开放时代,再这样做可不行了。

可是问题来了:第一,中国文化与外国有何异同,这应当弄清;第二,对不同文化如何评价,这应当考虑。显而易见,这些不是少数人在短期内能完成的任务,下面只是试举一些例子谈谈个人意见。

在哲学观点方面,中国人与英国人(姑且不谈其他英语国家的人)是有某些分歧的。中国人和英国人都承认有头脑有心脏,然而看法不同。英国人把思想归于 head,hard-headed 表示思想清楚;把情感归于 heart,hard-hearted 表示冷酷无情。我们说"心之官则思","心知其意",这是思想;不过我们又说"心中高兴","雄心壮志",这是情感。一颗心,在我们看来兼有两种功能,好像一张嘴既能演讲又能唱歌一般。

但是英语和汉语也有相通之处——英语的 mind 就很像汉语的"心"。He is simple-minded 和 He has a logical mind 说的是思想, He has a mind to do that 和 He has set his mind on doing that 说的是情感。怪不得 Webster's New World Dictionary(1988)给 mind 下定义,说是 That which thinks, perceives, feels, wills, etc., 我看这个定义我们的孟老夫子也会赞同。

要是对词源有兴趣,我们会发现汉、英两种语言同样有难以解释之处。一个人发怒,汉语说是"冒火",英语说是 flare-up,意象一模一样。但是汉语认为愤怒的来源是脾("发脾气")或者肝("肝火上升"),英语却认为是胆(choleric),哪一说更可信?汉语认为勇敢出于胆("胆子大")或者血气("血气之勇"),英语认为出于心(stouthearted),哪一说可由医生证明?一个人残酷,汉语说是"心肠硬","狼心狗肺"(看来肺不是专管呼吸的),英语说是 coldblooded(用温度表量过吗?);一个人乐观,汉语说是"精神愉快","精神"不知来自何方,英语说是 sanguine(多血),也不见得有什么数据。

如果大家平心静气,会看出无论哪一种文化或语言,都有优点缺点,不应该站在种族主义立场去衡量,而应该互相比较,求同存异,取长补短。过去人们一看见"市场经济"、"外商投资"就摇头,现在已予以充分肯定;过去英国人不喜欢 paper tiger 这个短语,1963 年版的由 Hornby 主编的 The Advanced Learner's Dictionary of Current English 不收它,1983 年 Peter Stevens(他不是顽固派)在"Cultural Barriers to Language Learning"一文中还说英国人觉得此词很怪异,可是 1989 年版的 Oxford Advanced Learner's Dictionary 已把它收了,1988 年版的 Webster's New World Dictionary 也收了。改革开放,中国需要,英美同样也需要。

六、克林顿总统要问道于老子吗?

本文第一节引了老子《道德经》一句话,没想到 1993 年 2 月 22 日美国 Newsweek 登载一封读者来信也引了《道德经》一句话,并且建议克林顿总统问道于老子。这句话是"治大国若烹小鲜"。

发信人是洛杉矶的 Sebastian Saratoja,信里是这样说的:

As he prepares to face the challenges ahead, Clinton should take heed of Laotzu, who said in his treatise on the art of government: "Governing a country is like frying a small fish." What he meant, I think, is that you spoil it with too much poking.

不管 Saratoja 的建议对不对,这封信让我们想起了两点:

(1) 在某些美国人眼里,中国除了有 chop suey、chow mein、tai chi chuan、acupuncture、价廉物美的成衣和玩具、惊人的经济发展速度等等之外,还有一样东西——政治哲学。

(2) 既然外国人注意到我们的文化(包括两千年前的老子哲学),我们自己是否也应该研究、分析(不是盲目崇拜)老祖宗传给我们的那些物质财富和精神财富,不要妄自菲薄?

(原载《英语世界》1993 年第 6 期)

自我认识与跨文化交际

一、交际是否等于沟通？

英语 communication 这个词，语言学界多译为"交际"，心理学界多译为"沟通"。事实上，交际与沟通是有一段距离的。说了话，对方懂了，这是交际，也是沟通。说了话，对方莫名其妙，这不是沟通，只是交际——不产生效果或产生反效果的交际。在不同民族之间，这种事例是屡见不鲜的。下面是两个例子。

美国黎天睦（Timothy Light）教授说："中国朋友打电话给我，有时我不知道他把话说完了没有，因为在挂上话筒之前，他不说 goodbye。"①

1992年9月23日，美国哥伦比亚广播公司预告，说当晚要报道近来流行的一种 unconventional therapy（非传统疗法）。我按时收听，不禁哑然失笑。原来他们所谓 unconventional therapy，乃是我国的 conventional therapy 针灸疗法。

英国 Gillian Brown 教授说，Communication is a risky business，确是有理②。英语国家与中国，历史不同，文化不同，社会习惯不同，两国人民在交际时，要做到充分的沟通，是不易的。

不过，这不是说，在英语国家的人民写中国人民之间，有一道不可逾越的鸿沟。比方，在英国，听见人家打喷嚏，有人会说"Bless you"③。在广东南部，听见人家打喷嚏，也有人会说"吉星！吉星！"可见打喷嚏这件事，两国都有人觉得不妙。然而，这里仍然有个区别。英国人求助于上帝，中国人求助于星宿。这是古老的文化在两种不同的语言中留下的痕迹。

二、英国学者看文化和语言

对自己的文化、语言和人家的文化、语言该怎么看待,这是一个复杂的问题。强国或强大的民族倾向于自高自大,认为人家什么东西都不如自己,这是民族中心主义(ethnocentrism);弱国或弱小的民族倾向于自卑,认为人家什么东西都比自己好,这是惧外心理(xenophobia)。在有理智的人看来,这两种观点都是不正确的,不应该采取,更不值得提倡。

让我们研究一下上文提过的英国 Gillian Brown 教授的看法吧。

在一篇文章里,Brown 指出三点:(1)英语不是统一的语言;它有许多类别,许多方言。这些东西各有其习惯,各有其格式,各自表现出当地文化的价值观。(2)英国文化也不是统一的,它包括许多不同的成分。这些成分各有其价值观和习俗,英国人对它应该同样地尊重。(3)外国人也有他们的看法、价值观、传统、情感、文化,这些东西与英国人的不同,然而都应该视为同样地有理由,有价值[④]。

Brown 采取的是文化平等观和语言平等观,我们应该赞同。英国人听见打喷嚏说 Bless you,中国人说"吉星!吉星!"你说哪一种更合乎科学?英国法院开庭,法官要戴假发,中国的法官不戴,美国的也不戴,你说哪一种做法更有道理?中国人见面时握手,法国人一样,印度人要合掌,你说哪一种更有礼貌?中国人与英语国家的人进行交际,有时会言语不通,有时会发生误会,这种情况我们是不满意的。我们应该努力把言语不通变为声入心通,应该尽量消除误会。可是我们决不能归咎哪一方,决不能认为哪一方的文化更好,语言更美。

三、日本学者看文化和语言

Gillian Brown 提出了看待不同的文化和语言的原则,可是她没有把本国文化与外国文化相比较。进行过这种工作的,可以日本的 Kinosita Koreo 教授为例。他是物理学家,曾任 Gakushuin 大学校长,与西方人士接触甚多,感想也甚多。

第二次大战后,Koreo 招待过一个西方科学代表团,带他们走了整整一天。回来的时候,他问他们:"你们累了吧?"回答是:"对,我们累了。"(这叫他吃了一惊;按日本礼节,该说"不太累"。)他又问:"你们一定肚子饿了吧?"回答又很干脆:"对,我们饿了。"(这又叫他吃了一惊;按日本礼节,顶多说"有点儿饿"。)

在一篇专论里,Koreo 总结出,日本人与西方人有八点不同:

（1）在交谈时,日本人尽量迁就对方的观点,不正面顶撞;西方人有话直说,毫不含糊。

（2）日本人说话转弯抹角;西方人单刀直入。

（3）日本人的言辞要用好些敬称,西方人觉得啰唆;西方人也说客气话,可是十分简短,日本人觉得唐突。

（4）日本人先说明理由,再提出主张;西方人先提出主张,再说明理由。

（5）日本人在进行讨论前先寒暄一番,来一大篇绪论;西方人无此习惯。

（6）日本人常常表示对对方十分关怀;西方人觉得这是多管闲事。

（7）日本人说话寥寥数语,不详不尽;西方人觉得这是话里有话,很不痛快。

（8）西方人进行辩论时要反复交锋;日本人双方顶多各表示意见一次,以后或者此方向彼方让步,或者心里虽坚持己见,但认为多谈无益,不再出声⑤。

Koreo 在上面谈的,已不限于表面的言辞礼节;他把日本人的文化传统、民族性格、思维方式、社会哲学都用简洁明晰的话描绘了出来。不过我们应该注意,他虽然指出了日本人的特色,可是只说与西方人有何不同,并不说比西方人差。

四、中国学者对文化和语言的研究

现在我们该把视线收回来,看看家里的事了。

外语教师感觉到本土文化与外国不同,这是很自然的。但是就是在英美两国,人们认真讨论文化与语言教学之间的关系,也不过是80年代的事情。在中国,自然开展得更慢。直到70年代后期,在排外思想影响下,我们还大门紧闭,把自己封锁起来。我们看不到外国的情况和风尚,更无法进行比较和研究。

在语言学界,80年代以前,由于偏重美国的结构主义和生成语法,大家只讲句法,很少人考虑词义、语用、文化、社会习惯等问题,当然更无法预见国际学术交流、旅游、贸易等等对外语教师的挑战。

感谢许国璋教授,他首先提出词汇的文化内涵与英语教学的关系这个问题⑥。感谢胡文仲教授,他除写文章讨论跨文化交际外,还编了两本包括中外作家的英语论文集:一本是《跨文化交际与英语学习》(上海译文出版社,1988),一本是《跨文化交际学选读》(湖南教育出版社,1990)。

现在,许多人已经觉得,推动这方面的研究的是一股强大的力量——改革开放的力量,经济建设的力量,为吸收国外信息和学习先进技术而提出迫切要求的力量。英语教师们不能忽视这股力量,否则难免失职之讥,同时也失去用武之地。

五、美国人看中国

人难有自知之明。唐太宗说得好,"以人为鉴,可知得失"。中国人要研究自己,第一步应该看看别人的品评。在这里,美国人John Summerfield 所编的 FODOR'S People's Republic of China(1988)有些章节是值得玩味的。其所以值得玩味,是因为这是一本导游书。大家知道,导游者的话要平实客观。他不能把中国人美化,否则会被骂为骗子;可是也不能把中国人丑化,否则不利于自己的事业。

Summerfield 说,中国的国情与别国是大不相同的。在今天的中国,分明可以看出西方的影响,然而中国的习俗基本上是东方的习俗。无论哪一位游客来到中国,他都会发现,在这块广大的国土上占统治地位的是中国式的社会主义。西方的影响很触目——在新宾馆,在新工厂,在飞机和火车上,在各种新建成的基础设施上。但是在中国,东方的特色到处都有——它表现在语言上、风俗上、社会行为上,那都是从历史的曙光期遗留下来的东西。

中国人是有强烈的求知欲的,他们渴望知道外界情况。碰见游客,他们便想知道游客本人本国的情况,想知道游客故乡的历史和文化,因此会对游客提出无数的问题。只要外国游客温文有礼,态度友好,而不是自视甚高,瞧不起人,不论来自何方都会受到中国人的欢迎。

中国人的礼俗有什么特点呢? Summerfield 说,中国人不喜欢你拍他的肩膀、拥抱他或者亲他。你如果这样做,他会觉得难为情。跟中国人交谈,要有节制,要含蓄,要讲礼貌。在访问学校、工厂或其他地方时,中国人会鼓掌欢迎,那时最好你也鼓掌相报。中国人很严肃,所以外国人不要对中国妇女有轻佻的表现。

Summerfield 的结论说:中国人是热情、和善而有礼的[7]。

你对 Summerfield 的评论有何评论?你觉得他没有浪漫的或者失实的描写,对不对?

六、中国文化和语言的一些特点

有三点,读者和我可能意见是一致的:(1)中国东西与外国不同。(2)中国的语言和文化也跟英国的语言和文化一样,不是完全统一的。(3)中国语言和文化都在变化发展中,近十年来变化发展更快。这篇文章所说的话,五年后可能就要大加修改了。

中国文化和语言是一个多面体,一个人无法全面了解,更不能在一篇短文中详细描绘。下面所举的只是一些例子。

只要把英国人和中国人寒暄问候的话比较一下,就知道其间有相同之处,也有相异之处(当然,要注意的是相异之处)。本节所举的英语例子,都来自 *Collins Cobuild English Language Dictionary*,以后不一一注明。

英　语	汉　语
"How do you do?" "How do you do?" (并不正面答复所提的问题)	"你好","你好"
Good morning (1) 从早起到中午都可以说 Good morning。 (2) 告别时可以说,如 Good morning, doctor; I hope we'll see you again soon.	"你早";"早上好" (1) 只能在从早起到上午九时左右说"你早"。 (2) 告别时不能说"你早"。

(续表)

英　语	汉　语
Good evening （1）从黄昏到就寝这一段时间见面时可说。 （2）有时告别时也说 Good evening。	"晚安"（这是译语，中国人一般不说） （1）中国人在同样时间见面说"你好"。 （2）告别时只说"再见"。
Good night （1）晚上告别时一般说 Good night。 （2）电视节目结束时说 Good night。	"晚安"（Good night 与 Good evening 译语相同） （1）告别时说"再见"或"早点休息吧"。 （2）电视节目结束时说"再见"，西化的也说"晚安"。
Good afternoon Have a nice day	中国人不说"下午好"，只说"你好"。 汉语按习惯无相当的话。
Enjoy your week-end	同上。

　　中国人见面喜欢问（1）姓名，（2）籍贯，（3）年龄，甚至（4）工资多少；外国人对（3）、（4）两项是不愿谈的。中国人路上相遇问"哪里去?"或者"吃过饭没有?"外国人觉得很不习惯。中国人会称赞"你发福了"，好像是件新发现的大喜事；中国人送客时说"慢慢走"，见人外出时往往很关心地说"天气冷，多穿些衣服"。所有这些，外国人都感到很异样。

　　外国人收到礼物，马上打开，连声叫好；中国人收到礼物，放在一旁，看也不看（生怕人家说他贪心）。外国人受到赞许，马上说 Thank you（这并不等于说赞许是公正的判断，自己当之无愧）；中国人听见夸奖，赶忙连声说"哪里？哪里？"或者"好说，好说"，好像不加以否定便是盲目自满。

　　中国人十分殷勤好客，斟酒一杯又一杯，布菜一道又一道，客人不喝不行，不吃也不行；外国人觉得难以对付。我参加过一个在国内开的国际会议，中国来宾每人一盘菜，比利时来宾外加一盘菜，弄得

语言教学　　61

这位来宾不知如何是好。

另一方面,在外国人眼里,中国人在礼貌方面又不太注意。送上菜来,递过信来,拿上报来,中国收受者视为当然,很少道谢。在中国熟人中间,很少听见"谢"字;在父子、夫妇当中,"谢"字更少。相反,Thank you 这句话,英美人一天要说上千遍,例如:

a. "Have a good flight?" "Not at all bad, thank you." (这是谢关心。)

b. "You are a beautiful woman." "Thank you." (这是谢夸奖。)

c. "And your name, Sir?" "Hare." "Thank you. We'll see you tomorrow at 8, then." (晚上来客在旅馆开房间要登记姓名,这是谢他报了自己的姓名。)

有些很隆重的事,中国人与英美人的做法很不一样。外国高官就职要宣誓,中国即使主席、总理就职也没有这一套。外国船只行下水礼,主持人要宣布"I name the ship so-and-so";中国主持人不说什么,剪彩了事。中国人做生日,按老规矩是送寿面;外国人做生日,要送奶油堆得二三寸厚的大蛋糕(这个习惯有的中国人也学了,其目的似乎是要给老寿星增加一些胆固醇)。

如果英国人对中国人的礼俗觉得难以理解,中国人对英国人的礼俗有时也觉得莫名其妙:内科医生、外科医生都是医生,为什么内科医生叫 Dr. Allan,外科医生可叫 Mr. Allan? Harold Wilson 原来人家叫他 Mr. Wilson(称姓),为什么受封爵士以后就叫 Sir Harold(称名)? 为什么英国下议院展开辩论,对某一议员不称为 Mr. So-and-so,例如不说 Mr. So-and-so is mistaken,却要绕一个大弯,说 The right honourable member for Malmesbury is mistaken? 你能说,英国文化比中国文化有理据吗? 你能说,英国人说话比中国人简洁明了吗?

七、中国民俗的根源

在 Summerfield 的笔下,中国人是这样的人:求知欲强,和顺亲切,谦虚谨慎,矜持庄重。但是,这仅仅是中国人的性格的一部分特点。如果外国游客看看珠江三角洲,他会了解港澳人士的爱国心与广东经济发展的关系;如果他看看虎门、卢沟桥和长城,他会想起中国人抗御外敌的英勇。中国文化是复杂的,中国人的性格也是复杂的。不妨说,中国人是外柔内刚的人。

但是就 Summerfield 所提的特点而论,我们可以承认他的描写是合乎实际的,他对中国国情的估计也八九不离十。

在 1980 年左右,一个中国人如果访问国内的一位朋友,主人会做三件事情:他会说"某某同志,你好"(互称"同志"是社会主义国家的习惯);他会跟客人握手(这是从西方学来的礼节,中国古代只打躬作揖);他会给他倒一杯茶(这是传统习惯,现在可能代以矿泉水或者可口可乐)。这也就是说,在几秒钟内,三种文化因素在他的身上一起表现出来了。

我们不妨说,传统习惯、社会主义习惯和西方习惯共同构成了今天的中国人习惯,好像拿三种酒调成一杯鸡尾酒。其中最根深蒂固的是传统习惯,这是以几千年来的社会历史为根基的;最不可忽视的是社会主义因素,这只有几十年的历史,可是上有政府提倡,下有学校诱导;此外还有西方势力,自改革开放以来,它在物质方面影响极大,在精神方面影响也不小。

西方人不大理解中国人的习俗和交际方式,其中原因也很简单。几千年来,中国人绝大部分都住在乡村,少数住在小城市。他们聚族而居,经常见面,彼此互相关心,几乎无话不谈。在西方工业国家,这样做可不行了。人们大部分住在城市里,彼此不相识,也不相闻问。甚至在乡村,邻居之间也隔膜得很,正如美国诗人 Robert Frost 所说, Good fences make good neighbours。

中国的传统教育,以儒家思想(可以说是孔孟 + 董仲舒 + 程朱思想)为主,但是杂以道家、佛家思想。尊老爱幼,亲仁善邻,安分守己,谦虚谨慎,这是千古相传的箴言。所以,听到中国人说话,外国人会觉得他一方面过分自卑,一方面又像是不该问的也问,不该管的也管。

中国的传统教育,有某些成分与社会主义思想是一致的,因此自 1949 年以来受到了强化,例如刻苦耐劳,勤俭持家,遵纪守法,服从上级等等。"为人民服务","集体主义",这些词语是新的,可是它的精神料想孔子也会点头称是。但是在儒家思想与社会主义之间不能画等号:儒家思想只讲博爱("四海之内皆兄弟也"),社会主义就其本源看来还强调平等("从群众中来,到群众中去")。工资无大差别,一般人互称"同志",防止贫富悬殊,有一个时期连军衔也取消,这都是明显的证据。

可是机会虽然应该均等,平均主义在经济上可是行不通的。闭关锁国,吃大锅饭,带来的是贫穷和落后。于是乎改革开放开始了,西方势力也随之而来了。

八、改革开放开始之后

十年前来过中国的西方游客,今天来到这块神州大地,会觉得有许多东西很陌生,又有许多东西很熟悉。他除了睁大眼睛看看四下里的新建设之外,还抱着惊异的心情听听那先前没有的共同语言。

中国人务实了。他们再没有什么空洞的豪言壮语;他们说要赶上亚洲发达地区。

中国人客观了。他们再也不把世界分为两大块,这边全是好的,那边全是坏的;他们说,一切国家先进的东西,有用的东西,我们都要学习。

中国人正在进行着一项空前未有的实验:把商品经济和社会主义嫁接起来。其结果是语言上发生了大变化:"合资企业,优惠政策,顾客至上,增加利润,发展生产力,提高生活水平"——这些西方人一听就懂的话说开了;"公社社员,工分制,五七干校,牛鬼蛇神,只算政治账,不算经济账"——这些西方人难以索解的词语消失了。

西方游客会注意到,过去的"宣传科",现在有的已改为"公关部"。过去见面叫"同志",如今有人已改为"先生、太太、小姐"。过去"负责同志"做报告,结尾时说"完了";现在他改说"谢谢各位",而且听众可以不鼓掌("暴风雨般的掌声"这几个字在报纸上看不到了)。

因为各地人民流动多,迁徙多,城市里的邻里也有许多互不相识,说话不那么亲热和随便了。在城市里,很少人因为别人"发福"向他道贺,因为说话人可能自己正在减肥(可能还用气功)。很少人问"你每月工资多少",因为除了工资还有津贴,除了津贴还有奖金,除了奖金还有……

但是门户一开,自然各种东西都进来了。欧美的有用产品——电视机、录像机、微波炉、微型电脑——进来了,可是他们的土特产——性病、艾滋病、注射可卡因、各种反社会行为——也进来了。对于这些进口商品,我们无疑是要加以筛选的。在与外国人交际时,求同存异是需要的,互谅互让是应该的,但是妄自菲薄、奴颜婢膝却不应该提倡。我们要交际,要沟通,可是不要忘记本文开头所引英国 Gillian Brown 教授所说的三条原则,也不要忘记日本 Kinosita Koreo 教授所采取的清醒而冷静的态度。

注　释

① 黎天睦:《现代外语教学法:理论与实践》,北京语言学院出版社1983年版第13页。
② Brown, Gillian, "Cultural Values: The Interpretation of Discourse", in *ELT Journal*, 44/1(1990): 17.
③ *Collins Cobuild English Language Dictionary*, 1987, p.139.
④ Brown, 1990, p.16.
⑤ Koreo, Kinosita, "Language Habits of the Japanese", in *English Today*, Ⅳ/3(1988): pp.19-25.
⑥ Xu Guozhang, "Culturally-Loaded Words and English Language Teaching", 载胡文仲编《跨文化交际与英语学习》,上海译文出版社1988年版第72-82页。
⑦ Summerfield, John, *FODOR's People's Republic of China*, 1988, pp.Ⅷ-ⅩⅣ.

(原载上海外国语学院《外国语》1993年第1期)

不同文化之间的交际
——René Dirven 和 Martin Pütz 的"文化间交际"述评

世界上有许多国家和民族,每个都是具有特定的语言和文化的群体。这些群体的成员互相交往或对话,这就是不同文化之间的交际,简称"文化间交际",有人也叫做"多文化交际"或"跨文化交际"。文化间交际的研究,现在掀起了高潮,这不仅仅是学术工作,还是个有实用意义的研究。

德国 Duisburg 大学 Dené Dirven 和 Martin Pütz 二人在《语言教学》(*Language Teaching*, Vol. 26, No. 3, 1993)上发表了"文化间交际"(Intercultural Communication)一文,综述了十五年来西方学者对这个问题的研究,其中谈到了对不同文化的研究方法、对不同文化群体成员的评价、对少数民族和移民的看法、对外事活动和商务谈判的看法和对外语教学的看法,非但范围广泛,而且材料新鲜,有异乎寻常的卓见。因为原文较长,这里只能简述。

本文第一节和最后一节的内容,是原文所无的。第一节讲中国学者的研究,原文没有谈到;最后一节讲人们对美国文化的评论,原文也没涉及。在其他地方,笔者也补充了一些材料,为的是把问题说清楚。

一、中国学者的研究

关于语言与文化问题,在中国学者中,许国璋先生是最敏感者之一。好些年前他已经指出,汉语中往往一个名词就有复杂的文化来源、复杂的文化负荷。例如"形而上学"一词,在某些人看来有严重的贬义,但在中国古书中这是一个庄严的字眼,英语 metaphysics 也无贬义。又如埃及、约旦、伊拉克、土耳其等国,我们说是"中东"国家,其实从中国看来,这些国家位于我们西北,"中东"乃是欧洲人的说法,不过我们原封不动地把它借用了。

据笔者所知,关于这方面的问题,中国人探究得最早的是罗常培,他著有《语言与文化》一书,出版于1950年。近十年来,国内陆续刊印了一些书,其中有:周振鹤、游汝杰的《方言与中国文化》(1986),胡文仲编的《跨文化交际与英语教学》(1988),陈建民的《语言社会文化新探》(1989),胡文仲编的《跨文化语言学选读》(1990),邢福义主编的《文化语言学》(1990),陈建民、谭惠明主编的《语言与文化多学科研究》(1993),裘克安的《英语与中国文化》(1993),郑立信、顾嘉祖合著的《美国英语与美国文化》(1993)等等。

比之西方,中国学者的研究在某些方面有独到之处,但是总的说来,我们起步晚,人手少,经费拮据,组织松懈,这乃是有目共睹的事实,毋庸讳言。

二、西方学者的研究

在西方,首先注意语言与文化的关系的是一些人类学家,如英国的 B. K. Malinowski,美国的 F. Boas 和 E. Sapir。

远在1911年,Boas 就指出语言与文化的统一性。他说:"人类诸语言所标示的基本概念,与人类文化所标示的是一致的,……世界诸语言的特征,在各族人民的观念和习俗里边都直接反映出来了。"

Sapir 以后,在美国占领导地位的语言学家是 Bloomfield,他的分析语言的方法不谈意义,所以30年代美国人再也不谈语言与文化的关系了。但是在60年代和70年代初期,人类学家和语言学家 D. Hymes 和 J. Gumpers 又重新把语言研究与社会研究、文化研究结合起来,D. S. Hoopes 和 J. Deutscher 的工作更是出色,这使得不同文化之间的交际的研究达到了第一个高峰。在70年代末期和80年代,人们对此项研究的兴趣再度高涨,由于多种原因,目前可以说达到了第二个高峰。

三、不同文化的对比研究

我们知道,各族人民有不同的语言和文化,可是怎么去进行研究呢？

人类学家和语言学家总是想弄清楚，在不同文化群体或亚群体中，人们是否以同样的方式去思考问题、认识世界和适应文化要求的。R. G. D'Andrade 认为，所谓文化乃是知识的总汇，由人们世世代代积累下来。人们如何行动，都按本族文化所编的程序进行。人们怎么看自己，怎么看别人，怎么看工作，怎么看成绩，怎么为子孙后代打算，这一切都深受文化的影响。

通过对比我们知道，人们如果文化不同，他们在讲故事、发言、思考问题、显示社会地位、对经济制度和产业结构做出反应各方面，都有不同之处。

要是把文化看成人们行为的纲领或方案，对不同的文化群体可以分三层去研究：第一层，看他们如何说话；第二层，看他们如何使用手势、身势，或如何把这些与语言结合使用；第三层，看他们如何思维，如何安排话语结构。

1962 年，Hymes 提出，人们的交际方式由八个部件组成，只要用 Speaking 这个词里边的八个字母作为符号，就可以全部说明了：

(1) S，即 setting 或 situation（场合、情景）：吃饭是一种场合，但在某些文化中，人们不妨边吃饭边谈生意经，在另一些文化中，这样做可不行。

(2) P，即 participants（参加者，出席者）：在日本文化中，出席者要知道自己的身份，上下尊卑区别很严，而在别的文化中，等级区别可不那么厉害。

(3) E，即 ends（鹄的，目标）：在工业化国家中，时间就是金钱，谈判目标十分明确，不许说闲话。

(4) A，即 act sequence（行为顺序）：先说什么，怎么说，后说什么，怎么说，各种文化的安排不同。

(5) K，即 key（语调、口气）：同是一句话，从语调或口气可知那是一本正经的、打趣寻开心的，还是话里带刺的。

(6) I，即 instrumentalities（手段、工具）：意思凭语言手段表达，还是凭非语言手段表达，各种文化不同。

(7) N，即 norms（规矩、格式）：在交谈时让谁先发言，一个人说话可以说多久,用什么办法防止打岔,什么时候应该不出声,什么时候可以插话等等,各种文化并不一样。

(8) G,即 genres(话语类型,文字体裁):如怎么介绍客人,怎么闲聊几句,怎么转入正题,怎么结束会谈,怎么彼此道别,各种文化都有特定的方式。

四、对不同国家、种族的评价

在外交场合中,在商务谈判中,在课堂教学中,不同国家、不同种族、不同文化传统的人们互相接触,必定有如何看自己、如何看别人的问题。这些问题是社会心理学家、文化心理学家所关心的,也是语言学家、教育家所关心的。因为,对于外国人和外族文化,人们心里总不免有某个形象或刻板印象(stereotype),有某些成见和偏见,那是不易消除的。

在许多中国人看来,文化分为两方:中国为一方,西方为一方。但是,西方并不是铁板一块,西方各国的人们彼此之间也有恩怨爱憎,我们对他们的心态有的可以猜想,有的可完全估计不到。

1993 年,D. Katz 和 K. W. Braly 在美国白人学生中进行调查,问在他们对德国人、美国白人和黑人有什么样的印象。调查的结果是:德国人的主要特点是好的,如有科学头脑、勤劳、情绪稳定、聪明、办事井井有条;美国白人的主要特点也是好的,如勤劳、聪明、追求物质利益、有抱负有志气、要求革新;而美国黑人的主要特点则是迷信、懒惰、无忧无虑、愚昧无知、爱好音乐。学者们认为,这些白人学生的印象与当时一般白种成人的一般无二。

1993 年,K. Renckstorf 在 580 名荷兰学生中进行调查,问他们对德国人有何观感。此时第二次世界大战结束已将近 50 年,但是荷兰人仍然憎恶德国人,而且青年人比老年人更甚,不过,要是与德国人有过接触,憎恶之心就会减少。他还发现,报刊、广播、电台等传媒对荷兰人影响不大,倒是学校教材和历史教师说了些什么有较明显的影响。

1993 年,L. Hagendoorn 在欧洲各国青年中用问卷进行调查,结果有许多看法是我们中国人难以想象的。这些青年认为,在欧洲人当中,最受欢迎的是一些小国如荷兰、比利时的人,而大国如英、德、法各国的人都不受欢迎。Hagendoorn 还发现,丹麦人和英国人最讨厌法国人,荷兰人最讨厌德国人,比利时人最讨厌荷兰人,德国人最讨厌英国人,而法国人最讨厌的也是英国人。情况如此复杂,你说在国际交往中是否要当心?

五、移民和少数民族问题

移民和少数民族问题牵涉语言、文化、宗教、教育、社会、政治各方面,是现实向许多国家的政府和领导人提出的挑战,自然也是学者们所认真研讨的问题。

第二次大战后,有大量的人移居西欧、美国、加拿大、澳洲,他们的语言、文化、宗教与东道国都不同。他们多数是劳工,聚居于各国首都或大城市,形成封闭式的居民区(ghettos)。对于这些新来的陌生人、穷棒子,东道国本土人能不感到异样、讨厌吗?比方说,德国的日耳曼人能对新来乍到的土耳其工人伸出欢迎之手吗?

1968 年,M. G. Clyne 的调查表明,新来的土耳其人与德国人格格不入。这些土耳其成年人不愿多花工夫去学德语,因为他们感到在德国不受欢迎,他们也不愿接受德国的文化。

对于这些土耳其人,德国应该采取什么政策呢?在 70 年代,是要他们在语言上完全同化,并适应德国文化。但是后来德国也有些开明人士如 M. Fritsche 是持相反态度的。1985 年,Fritsche 发表过文章,反对把他们强迫同化,说这是文化帝国主义、语言帝国主义。他说,就是土耳其移民的第三代还是应该保持土耳其语,保持自己的文化。当然,在德国的户籍机关、警署、学校和医院里,常常有对土耳其移民有不友好的表现。

E. B. Ryan, M. A. Carranza 等人指出,西方各国应该承认自己不是清一色的,而是有多种文化成分的国家。对于非本土的语言和文化,要宽容和尊重。他们认为,对移民子孙,固然要进行多文化教育;对于一切学校,一切青年人,也都要进行同样的教育。

据笔者所知,双语教育在加拿大和美国都有人研究。加拿大是正式承认英语和法语为法定语言的,但本来说法语后来又学英语、用英语的人,比本来说英语但后来又学法语、用法语的人多。双语教育在美国有过许多争议。20和30年代,人们多半反对双语教育,但近来已有人认为双语教育能提高学生的认知灵活性和思想创造性。在加拿大,后面这一派的呼声自50年代以来已越来越高。(以上这些,Dirven 和 Pütz 的原文没有谈到,可参看 *The Oxford Companion to the English Language*, edited by Tom McArtnur, 1992, pp. 126－127。)

六、外事活动与商务谈判

语言学家、社会学家、心理学家的注意力向来集中在社会生活和教学工作上,但近来有些人的视线已伸到外事活动和商务谈判方面来,这说明学术研究是为政治、经济服务的,是不能不关心实际问题的。

Dirven 和 Pütz 指出,这方面的研究搞得最积极的是美国人,因为美国是世界政治和经济的霸主。他们还指出,近十年来美国研究者十分活跃,那是因为中国对外开放,亚洲又有好些个国家的经济蒸蒸日上。美国人已经写出了许多专文,讨论埃及、印度、阿根廷、巴西、日本、加拿大、墨西哥、荷兰、法国的外交和商务代表如何与别人谈判,1982年 R. I. Tung 还对中国的谈判方式进行过研究,1978年 J. L. Graham 等人又对中国台湾的谈判方式进行过研究。

在研究了一番之后,人们发现最常犯的错误是以为无论外交谈判也好,商务谈判也好,双方目的虽有不同,但心目中的程序总是一样的。事实上,双方对于先谈什么,后谈什么,用什么样的口气来谈,用语言还是用面容、手势来表达思想,让谁先发言,说多久,怎么先互道寒暄,再讲主要问题,如此等等,各方代表都有自己的一套,彼此有很大的分歧。所以 D. S. Hoopes 和 P. Ventura 强调,在谈判之前,对自己的代表要来一番训练,要讲究谈判的技术。

一般人都承认,谈判要采取"合作"态度。这就是说,要避免让哪一方成为绝对的赢家或输家,要显出友好和灵活并尊重双方的利益,但是最后目的还是让对方同意自己的要求。

不过,对于这所谓"合作"态度,不同文化是有不同看法的。谈判结果如何,似乎由三个因素而定:谈判代表的不同个性,他们的文化背景,还有企业文化问题,例如日本人与美国人的决策方式不同,中国企业的组织与其他国家也不同。

七、外语教学问题

在对语言与文化问题进行较深入研究之后，人们对外语教学也提出了新意见。

外语教学的目的，是使得不同文化的人们能进行交际、对话、讨论。这里的严重困难分明是，学生对外语很生疏，对外语文化更不懂，可是他面对的是一个外国人，这人说的是外国语，并且长期泡在外国文化里边。这样主客之间就有个大鸿沟，这个鸿沟如何跨越呢？

Dirven 和 Pütz 认为，这个问题可分为两个层次来探讨。

一个较高的层次是大学的外语教学，这牵涉在第三世界教欧洲语言的人应如何对待西方文化和当地文化的问题。有些在非洲或印度尼西亚教德语的人，对自己提出了这样的疑问：我们应该把欧洲人的思维方式、欧洲人的科学观看成放之五大洲而皆准的价值观，原封不动地搬到非洲、亚洲来吗？我们是否应该把语言教学限制在有实用意义的东西方面呢？他们认为，自己应该"以德语为工具，让各种文化进行对话"。

一个较低的层次是中学的外语教学。先前人们集中力量，要让学生在发音、用词、造句各方面都做到正确，就是获得"语法能力"（grammatical competence）。到了70至80年代，欧洲和美国都有人强调这样还不够，说学生运用外语时应能对特定的场合作出正确的社会行为，就是获得"交际能力"（communicative competence）。Dirven 和 Pütz 认为这个两分法并不正确。他们的意见是，对中学生，应该培养他们"在不同文化中的交际能力"（intercultural communicative competence）。这个新观念是由 H. Widdowson(1992), K. F. Knapp 和 A. Knapp-Potthoff(1990), R. C. Lafayette(1978)等提出的，已经有许多人表示支持。

不过，什么是在不同文化中的交际能力，可不容易说清楚。Dirven 和 Pütz 说，那是一套与外国人交际的策略：在听不清或听不懂对方的言辞时，不要囫囵吞枣，而要把它作为问题重新提出；不要把自己的理解贸然地强加于对方的言辞，而要耐心听人家的话或琢磨上下文,把意思弄明白;在自己的词汇不够用,意思说不清时,要能绕个弯来,用另一种说法或改用比较笼统的词语,让对方明白自己的意思。他们同时指出,在交际时,双方都要做出让步,就是只会说自己的母语的外国人,也应该明白外语学生在语言和文化上有多少障碍,要努力使用较浅易的词语并说明自己的风俗习惯有些什么特点,希望外语学生能声入心通。

八、美国人、非洲人、波兰人看美国文化

上文谈到以德语为工具,让各种文化进行对话。人们当然也可以英语为工具,让各种文化进行对话。在结束这篇外刊论文简述的时候,笔者想援引另一篇外刊论文,证明与 Dirven 和 Pütz 的意见不谋而合的大有人在。

美国前教育部长 William Bennett 在一篇演讲词(发表于 *Reader's Digest*, Vol. 144, No. 864, 1994)里,对本国文化作了批评。在那题为"美国的真正毛病在哪里"(What Really Ails America)的文章里,他痛心地说:"我们的文化似乎只有一个目的——腐蚀青年。"

他引用了两个到美国留学的外国人的话:

有个来自非洲的研究生告诉 Bennett,等到学位拿到手,他就要马上回国。问他为什么,他说,要是他留居美国,他的女儿就会成为青年男子"手到擒来"的猎物,他的儿子也会变成别的男青年暴力行动的目标,这种情况他不愿看到。"我的家乡比美国来得文明,"他说。

一个来自波兰的女中学生(交换学生)表示自己看不惯美国中学生的生活方式。她说:"在华沙,我们下学后就回家,跟爸爸妈妈一起吃饭,然后做四五个小时的课外作业。现在呢,我课后到意大利馅饼馆吃饭、看电视,在学校里的工作也不像在波兰那么多。要是老是这样,我认为是不好的。"

William Bennett 的结论是:"今天我们必须为我们所爱的祖国进行新的斗争。"

两位留学美国的学生对美国文化的批评竟然得到前美国教育部长的同意,这是惊人的。可是 William Bennett 为什么同意他们的批

评呢?他们为什么能如此一针见血地指出美国的毛病呢?上文说,西方国家应该尊重非本土的语言和文化;欧洲语言的教师不应把欧洲人的价值观强加于亚洲人、非洲人;一个人受双语教育,进行不同文化间的交际,他的认知灵活性和思想创造性就会获得提高——看来所有这些话都有道理,有事实根据,对吧?

(原载《国外语言学》1994年第4期)

我走过的弯路

学英语,不知道有什么捷径没有,可是我走过不少弯路。现在把我在中学、大学时代所犯的错误说一说,希望大家引以为戒,避免浪费力气,以便于提高学习效果。

我之所以走弯路,一部分是由于自己的愚昧和执拗,一部分也是由于当时特有的客观情况。现在情况变了,有些老弯路虽然人们不再走了,可是新弯路又出现了。关于新弯路问题,这里就管见所及,顺便谈谈,是否有可供参考之处,请大家研究。下边分五个问题来讲。

一、学英语,要花很大力气学语音吗?

我是 20 年代进中学的,那时语音学是一门生疏的学问,中学课本不教发音规则和国际音标。我的英语老师——小白脸,金丝眼镜,颇有点洋派头——阅读能力是不错的,可是念起书来,一派中国腔,每个词、每个音节都念得清清楚楚。当时我很喜欢听他的课,但是听惯之后,突然来了一位加拿大籍老师,她的英语我就听不懂。例如她把 Tell us 说成[ˈteləs],我以为是 Tellers,因为我的中国老师的念法总是[ˈtelˈʌs],每个音节都同样地响亮。

现在的中学课本都讲发音规则和国际音标,这一点比先前进步多了。可是懂得了音标,记得了音标,并不等于分清了音值。许多人都知道 sit 的音标是[sit],seat 的音标是[siːt],把 sit 和 seat 两个词形和音标记住并不难,可是你能分辨并正确地发出这两个不同的音吗?现在的中学生是否都知道,Tell us 该念[ˈteləs]而不是[ˈtelˈʌs]

呢？只注意拼写而不注意发音,这条弯路希望大家不要再走。

二、学英语,是否要有一本好词典? 有了好词典,是否就能使用它?

我在中学一年级时不用词典,到了二年级就买到一件宝贝——《英汉双解词汇》。这是布面烫金字、价值两元多的小红书,闪耀着学术权威的光芒,把它拿到课室,我感到自己肚里的学问仿佛增加了几倍。可是书中所用的韦氏音标,有些我不了解,例如 remarkable 标为 (rĕ-mȧr'kä-b'l),ä 不同于 ȧ,但是我把二者当做是音值相等,念错了。词典里有汉语释义,也有英语释义,但是我只看前者,不看后者,有些单词的意义,我并没有掌握住。后来我还发现,这本闪闪发光的学术著作还颇有欠缺,例如 glorious 只注上"光荣的",没有"可爱的"。所以,在我读 Charles Dickens 的 The Christmas Carol(《圣诞颂歌》)这篇小说时,看见里边用 glorious 来描写教堂的钟声,竟百思不得其解。

现在的英语学生,用的是什么词典? 它的可靠性如何? 在使用词典之前,他们是否把它的前言、体例说明、注音说明等等都仔细看过? 如果是双解的,他们是否知道,注释英语单词用英语要比汉语来得容易些、准确些,因而要留意书中的英语释义? 他们是否觉得看看释义,解得通就够了,而不知在一个词条里,例证比释义更为重要? 例如 glorious 释为"可爱的",好像有点古怪,也很难记,可是要记住了 It's glorious fun(玩得真痛快)这个例子,那就词义、句式、文体都弄得清清楚楚了。

三、学英语,是否必须读文学? 是否应限于读文学作品?

这个问题在国外还在争论中,在国内似乎谈论得不多。正和解放初期的英语课本以苏联教材为蓝本一样,我所读的 20 年代的英语课本是以美国教材为模范的。在中学四年级,我们就念林肯总统的 Gettysburg Address(《葛底斯堡演讲词》)和 Edgar Allan Poe 的诗 Annabel Lee(《安娜贝尔·李》)。这些诗文,在美国是脍炙人口并家喻户晓的,可是那么古雅艰深,我们中国中学生并不觉得是字字珠玑,倒是步步荆棘。尤其是 Gettysburg Address,我琢磨了半天,觉得真是 Gettysburg distress!

在20、30年代的国内大学外语系,语言和语言学是没有地位的,只有文学和文艺批评才值得研究。至于科技文章、通俗作品,更是让人不屑一顾。我在大学念过几本 Sir Walter Scott 和 Robert Louis Stevenson 的历史小说,懂得一些古老的兵器名称,如 catapult 石弩,musket 滑膛枪,harquebus 火绳枪,等等,可是拿起报纸一看,什么 tracer bullet 曳光弹啦,什么 panzer 装甲车啦,什么 50 rounds of ammunition 50发子弹啦,我全都不懂。我的作业虽得到了老师们的赞许,好像很有面子,然而内心实在惭愧。历史博物馆里的英语,就是学好了又有多大用处呢?

今天,我们的高中英语教材似乎还没有全部编成,大学英语专业一二年级也没有统一教材,但是考虑到过去的教学经验和目前的国家建设的需要,英语教材要有文学作品但不限于文学作品,恐怕是一般人都同意了。为文学而学英语,这不能反对,然而这究竟是少数人的事情;为科技而学英语,为实用而学英语,这条道路走的人必然越来越多。《英语世界》选材广泛,文章简短,趣味浓厚,我看是很好的辅助性读物。

四、英语专业要开精读课吗?

在我念大学的时候,没有什么精读课。当时假定,考进大学的人英语都打好了底子,可以直接研究文学,不必再学什么语言了。然而这是过分乐观的估计。实际上,当时国立大学的英语系学生虽然比今天的水平高些,可是多数人的口头表达能力并不强,笔头作业也有许多漏洞。新中国成立后学苏联设英语精读课,这未必是走上了岔道。

我听过一些人(姑且叫做新派吧)的议论,说外国大学里没有精读课,因此我们的大学也不应该开这样的课程。我是30年代在不设精读课的英语系毕业的,我倒希望当时有个教授,像 Somerset Maugham 所说的那样,有见识,有胸襟,有同情心,能在语言方面给我一些对症下药、切实有用的指导,而不只是人云亦云,作一些无的放矢的演讲。

关于读书,关于学英语,我仍然觉得 Francis Bacon 的话是正确的:"有的书只要尝尝味道,有的书要整本吞下,还有少数的书要咀嚼和消化。"如果咀嚼和消化不是精读,那是什么?

五、学英语或者学文学,也要学一点社会科学、自然科学吗?

在大学时代,我自命为文学研究者,对于财经、政法毫无兴趣,对于声、光、电、化,自然更不想过问。我当时觉得,"吾生也有涯,而知也无涯",只要在知识的王国中割据一块土地,也就够了。

但是我错了。20世纪的知识王国并没有什么自给自足的地区,就是你想只搞文学,也得跟别的地区有些交往才成。真正的当代文学不必说了,就是第二次世界大战以前的作品,没有一点文学之外的知识,也很难理解。例如,不懂美国20世纪初期的金融市场,就很难看懂 Theodore Dreiser 的 *The Titan*(《巨人》);不懂得英国30年代的政治思想,就很难看懂 Aldous Huxley 的 *Brave New World*(《美妙的新世界》)。

就是学英语吧,没有一点其他学科的知识,也很难学好。我们说"政府",想起的是行政部门;美国人说 government,却包括议会和法院。我们听到"工党"两字,以为一定是无产阶级的组织,可是英国的 Labour Party,有些重要成员却是贵族。英国人所谓 Asians 多半指来自南亚的人,但是美国人所谓 Asians 多半指来自东亚的。望文生义,以为已经听懂看懂,其实对不上号。学英语,既要在语言之内来学,也要在语言之外——在社会背景中,在传达媒介中,在政治、经济、文化、民俗、历史中——来学,这是我在长期走弯路之后悟出来的一条道理,希望大家也来考虑考虑。

(原载《英语世界》1984年第6期)

朱道敏《新编大学英语口译教程》序

《新编大学英语口译教程》上册完成,两位编者要我看看。看稿我愿意,可是口译自己没经验,觉得这是问道于盲。没办法,只好恭恭敬敬地看下去。没想到,看完之后,竟然大有收获。

谈起口译,一般人自然首先想起语言问题来。他们担心,生词记得不多,造句没有把握,听见一句话,结结巴巴半天译不出来。"长征三号火箭"在英语该怎么说?"经济特区"得译成 special economic zone 还是 economic special zone?为什么 to approve the plan 相当于"批准计划",to approve of the plan 却是"赞成计划"?毫无疑问,这些忧虑是有道理的。

如果学生要学语言,本书能给他很大的帮助。朱道敏教授是老教师,王桂珍老师也富有教学经验,对于一般学生的要求,她们是充分了解并努力满足的。本书每一个单元都从阅读材料开始,继之以词语选讲,再继之以口头讨论。等到材料已经熟悉,学生听到什么话不难找到译语的时候,这才开始口译练习。口译练习一步步进行,先单句,后小段,最后是大段。译完了,本书对关键问题作一些提示和说明。为了便于教师参考,还另册印行练习答案。这是一套有明确目标、有具体指导的教材,学生经过训练之后,准能掌握必需的口译诀窍。

但是,要是只着眼于语言知识和造句技巧,恐怕还不能当好口译员。口译不是机械操练;它是心与脑的结合,是业务知识与政治立场的综合体。为了干好口译工作,我们还要提高自己的精神素质和思想修养。我建议,读本书时,在以下两方面多下工夫。

第一,在学习每一单元时,要仔细琢磨阅读材料的内容,把要点记住。只记得"长征三号火箭"的译名,而说不出它比欧美同类产品如何价廉物美;只懂得"经济特区"是 special economic zone,而不能原原本本地解释它如何推动了中国经济的发展(像 Unit Ten 里边的 Susan Pepper 那样)——这样的人不能说是一个合格的口译员。推而广之,我们还应该知道,除阅读本书外,还应多读各种书报,多留心时事,多注意外国人提出的问题。语言是知识的载体;没有比较丰富的知识,纵然满肚子生词,也说不出富有意义的话来。

第二,应该记得,我们的口译员非但要懂外语,还应该是中国人。这就是说,他应该懂得中国与外国的关系,注意主人与外宾在立场方面的相同之处和不同之处。对于外宾,我们应该热情友好,不亢不卑。自己有成绩,我们要介绍,但不夸张;自己有缺点,我们要承认,——不承认外宾也知道,——但不气馁。我们要学学中国的老朋友 Sidney Rittenberg 的做法,不简单化,不虚张声势,而要平心静气,合情合理(见《新编大学英语口译教程》Unit Seven)。只有这样,我们的译语才有分寸、得体,我们的口译工作才能收到预期的效果。

我为本书出版高兴,因为在我国经济建设中,口译是一项重要工作,口译员的需求量很大。我为有机会先读此书而高兴,因为我发现,两位编者非但有可贵的教学经验,还有可爱的进取精神和不怕苦、不怕累的耐力。

1991 年 5 月 10 日

《启发性研究生英语教材》序

在拿起这本书的时候,有人会问:"你们的教材有什么特点?跟别的研究生英语教材有什么不同?"

这个问题不易答复,不过我可以打一个比方:别的教材好比一辆汽车,老师是司机,研究生们是乘客。在我们这里呢,教材也是汽车,老师也是司机,然而研究生们的身份可有点特别——他们既是乘客,又是引擎和车轮。这就是说,要工作进行顺利,倚靠的不是别的,正是研究生们自己。

研究生要学会研究,英语研究也包括在内。研究生学英语,应该发挥干劲和主动精神。研究生英语教师的首要任务,我看不是传授什么知识,而是发动研究生自己去寻找知识和运用知识。这是我们的基本原则。

我们的根据

看到这里,有人或许会睁大一双眼,将信将疑地问:你说得好听,可是办得到吗?你们是不是想得太美妙啦?

我回答说,我们的设计无疑有缺点,可是我们有理论根据和事实根据。

我们的理论根据是:教研究生英语,在本质上与教大学本科生英语不同。本科生主要是学语言技能,研究生主要是学独立思考,学独立使用英语。一个研究生在读一篇英语文章时,要是不能掌握要点,分析论点,讨论观点,他就很难叫做研究生;要是他不会独立查英语词典、查英语参考书,不试用英语来表达自己的思想,他这个研究生也不能说是名副其实。

我们的事实根据是:这部教材已经在中山大学文、理、法、政、经、管共 23 个系试用了一年,学生的反应还不差。我们用问卷调查过研究生们的意见,下面是一些统计数字。

(1) 对 8 个单元的课文的意见

太长	太短	太难	太易	有趣	无味
35 人	20 人	33 人	15 人	80 人	18 人

(2) 对 8 个单元的理解练习题的意见

容易	太难	太长	有趣	无味	适合
42 人	17 人	5 人	17 人	6 人	58 人

(3) 对 8 个单元内容讨论题的意见

容易	太难	太长	有趣	无味	适合
8 人	19 人	2 人	37 人	10 人	41 人

(4) 对第四单元翻译练习题的意见

容易	太难	太长	有趣	无味	适合
33 人	8 人	1 人	13 人	10 人	88 人

面对这些和其他调查资料,似乎不妨说,我们的试验已经通过了第一关。结果不完全满意,可是我们的方向是正确的,这一点我们不怀疑。

英语教材的教育作用

编英语教材,有人以为不过是选若干篇文章,编若干套练习,再加上一本教师用书,这就完事了。在他们眼里,所有工作是机械性、技术性的。我们可不那么看。

编英语教材,尤其是编研究生英语教材,我们觉得有两方面的考究:一是它的教学作用,一是它的教育作用。从长远看来,后者可能比前者还重要。

英语教材不是纯技术性的东西,因为它要谈到自然界,谈到社会,谈到各门科学、各种思想。一部好的英语教材应该帮助研究生钻研问题,加深思考;应该发挥理性的威力,促进德育的发展;应该提倡实证,反对盲从;应该大力开辟新领域,反对以愚昧和顽固自豪。这是我们所谓的教育作用。

我们提倡爱国,可是反对守旧;我们提倡开放门户,可是反对崇洋。只要看看本书的课文,就知道我们的旨趣所在。

1992 年 4 月底 5 月初,美国洛杉矶发生种族暴力冲突,58 人死亡,2 383 人受伤,财产损失在 7 亿美元以上,全世界为之震惊。你觉得这件事情难以理解吗? 如果你看过本书第十二单元(这个单元 1991 年度已在中山大学教过),你会猜得到,在美国,地下的熔岩早已在翻滚,可是那些坐在火山上的统治者还在大讲特讲什么人权和民主,仿佛那是美国的名优土特产,要向全世界推销呢!

教学作用方面的三个问题

在教学作用方面,我们注意的是三方面的问题:(1)用什么文章做课文和补充读物?(2)对学生提什么问题,给予什么启示?(3)在教师用书里提供多少资料?

经过两年的集体选材,分头教学,并且多次实验、调查和讨论之后,我们得到了下面这些初步结论:

我们认为,关于第一个问题,自己是走过不少弯路的。在头一个阶段,我们从外国大学英语教本挑选文章,也从外国百科全书或专书抽取某些章节,但是试用的结果并不理想。有的文章太长、太专业或者太枯燥;有的远离现实,与中国、与 90 年代不相干;有的材料在外国是适用的,可是在中国就不然,因为中国学生的生活和知识与外国学生大有距离。经验告诉我们,选材的标准应该是四个"性":实用性、浅显性、新鲜性和趣味性。

关于第二个问题,我们也犯过错误。一开头,有人走老路,每个生词片语都加上详尽的注释,这样未免助长学生的惰性。但是到了后来,我们又走到另一极端,不管是什么东西都不注,哪怕问题再复杂、再专门,也让学生自己去盲目摸索。现在我们看清楚了:学生自己能干的活,我们不要越俎代庖;学生自己弄不清的,我们还要加以适当的解释。

教师用书应该怎么编呢?这个问题我们倒是一动手就思想明确——要尽可能地详尽和准确。这样做,不是为了使得教师用不着备课,而是让他们把课备得更好。我们希望老师们能多考虑具体的教学法问题:如何提供背景知识,如何策动和激励学生,如何用简单的话解答难题,如何把教学内容与现实环境相结合——用上文的比喻,是如何当好汽车司机。作为司机,一个人应该注意天气和能见度,掌握汽车的方向和速度,防止在陡坡和急转弯处出事,让乘客安全而愉快地到达目的地。

我们的愿望

这本书终于付印了。在这里,我觉得应该做两件事:一是记载编写的经过,一是对用户提出希望。

这是一本不成熟的书,然而不是随便拼凑,不用流汗,不动脑筋就弄出来的。编写工作七成由黄家祐负责,其余是孔庆明、周海中干的。邝燕玉曾任教学组长(她是不会发脾气的领导人),张美芳近来参加了教学工作(她是善于挑战的合作者),她们两人各有贡献。在全稿编成后,我们还请张汉成老师从头到尾看一遍,避免了许多错漏。

像一切编者一样,我们希望有人买我们的书,用我们的书,并对我们提出意见。我们当然渴望看到读者的笑脸,但是我们知道,应该洗耳恭听的是严峻的批评和具体的指教。在这里,我代表本书全体编写和教学人员,向亲爱的用户们鞠个躬,央求大家给我们以帮助。

1992 年 5 月 6 日

李筱菊《语言测试科学与艺术》序

作为一个外语老教师，出题目考学生是我常干的事，可是关于考试的那些道理我总是摸不清。我看过一些有关论著，还参加过专门讨论会，但那不过是浮光掠影，不能说没有收益，可是得到的知识不全面也不深。让我对语言测试有个完整的认识的，是李筱菊教授的新著——《语言测试科学与艺术》。

李老师这本书很好，可不容易用三言两语把它的特色描绘出来。这是学术专著，可又是一本教科书，一本科普读物。它深入讨论了语言测试工作，但为了初学者的方便，它首先讲了语言、语言教学和语言学习。论用途，命题的老师和应试的学生自然应该读它，可是负责搞测试的政府干部和学校领导人要是抽空把有关章节读一下，——不必念整本书，——会觉眼界大开，看清前进的方向。

我花了十多天读这本书，觉得很愉快，因为出乎意外地浅。浅有两个原因。一是词语浅。书中引入了好些外国的专门术语，本来可能难懂，可是书中的译名既简又明。例如 proof reading 不译为"校对"，而译为"分段改错"，every nth word deletion 不译为"删掉每一个第 n 的词"，而译为"定距删词"。二是文体浅。书中文句结构严密，然而读起来好像是大白话，毫无钩章棘句之病，更无故弄玄虚之嫌。

在阅读过程中，我感到此书在理论方面有罕见的广度，又有惊人的深度。它回溯了几百年来各国各时代语言测试的历史，又综述了西方不同派别的主张和做法。它指出，就是同一个时期，同一个地方，甚至同一个试卷，那些考题也往往新旧杂糅，性质各异，有的合理，有的不合理或者无实效。它还指出，由于语言具有交际工具的特性,搞测试特别困难。你考语言知识吗？信度高,可是效度不高。你考语言运用的能力吗？效度高,可是信度不高。

书中讲理论讲得透,但是作者的视线主要集中在实际问题上。有许多事情,我们搞外语工作的人本来应该知道,可是多数不知,作者现在把真相都一起端出来了。例如美国的托福考试,不少人以为是很科学的东西,可是本书告诉我们,托福那些考题是单考点、单句题型的,并不新,也不完善。国外出了一些 CALL 和 CALT 测试软件,使用了电脑,有些人以为很奥妙,很神奇,可是本书告诉我们,这些东西包装形式是新的,但命题方法却基本上是旧的。它还一针见血地说,我国的测试改革,尽管进行了十来年,有一个时期还很热心地搞,可是进一步退两步,必须痛下决心,进行到底。

一个人为什么花十来年工夫研究语言测试,写出一本如此深刻、精密、直率、大胆的书呢？是什么东西推动着作者锲而不舍、苦思苦想的呢？我想,这是因为她既有科学头脑,又抱严肃态度,又有对青年学生的爱心。一个人集学者、严师、慈母三种性格于一身,料想要她不写这本书也不成。是桃树就得开花,谁能下命令叫它憋住？

在欢喜赞叹之余,我想提一点意见。Randolph Quirk 在编成了 *A Grammar of Contemporary English*(1972)之后,随即写了简单明了的 *University Grammar*。为了便于一般读者,作者是否可以考虑写一本《语言测试简论》？

1995 年 12 月 30 日

何广铿《英语教学法基础》序

今年的春节空前地冷,可是我心里空前地暖,因为有一件令人欢慰的事情——何广铿老师的《英语教学法基础》写成了。

多年以来,我一直想望着这样一本书。广东历来有不少出色的英语教师(例如钟仁正、刘桂灼、钟香举、陈永祯、方淑珍各位先生),但是他们的心得体会没有以书本形式留传下来。桂诗春先生的《应用语言学》是鸣锣开道之作,可是那是从语言理论家的角度看语言教学的,课堂活动讲得不多。

自改革开放以来,广东的经济建设快步前进,但是文化教育建设跟不上,英语人才的培养工作跟不上。为了加速并且高效地培养英语人才,我们就要改进英语教学法——首先要有理论指导。

大家知道,写英语教学法书很不容易。第一,英语教学范围广、历史长、变化多。第二,尽管有的问题研究得比较透彻,有的可是冷门,没有多少人认真搞过——例如中国英语教学的历史。再说,参考资料主要来自外国,不易收得全,收全了,还得下一番苦工夫,好好地阅读和消化。

我高兴地看到,何老师下了苦工夫,下面这几点是明证:

首先,本书的内容是充实的。从英语教学法的历史、流派、理论基础、教师的教学技术、学生的学习策略,直到最后进行测试,作者都一一论述,如数家珍。

其次,本书的论点是新的。它清楚地指出,近二十年来,英语教学的目标转向交际功能,英语教师的视线转向学生的需要和心理状态,英语教材的选择转向以实用性和原本性(authenticity)为准则。

本书材料丰富，可不是简单地把材料堆积起来，而是有抉择、有审议的。好比关于学习的动机与成绩、学生的性格与学习效果之间的关系，学者们早已进行了不少研究，但是作者仍然认真考虑正反两方的意见，提出自己的看法。

我觉得，作者注意下面这些问题，对初出茅庐的乃至经验丰富的教师都帮助很大：对历史上各种有名的教学法，他作了详细而具体的介绍；对新编的 *Junior English for China*，他做了初步的评论；尤其重要的是，对于四项教学操作原则，他在第八章作了明白的申述和合情合理的评价。

本书篇幅不多，材料充实，兴味也很浓。如果要打个通俗的比方的话，我看可与一罐八宝饭相比。在这里，我以先读为快者的资格，向我们的大学本科生、研究生、中学教师、大学教授以及对英语教学的各种问题（如语言学的、心理学的、社会学的、教育学的问题）进行探讨的人们推荐这本书。依我看，这罐何记英语教学法八宝饭会受到欢迎，因为只要揭开罐盖，就可以得到一份可观的精神食粮了。

1996 年 3 月 3 日

翻译研究

求知录

1977年,我在广州外国语学院工作。由于意想不到的原因,主译曼彻斯特所著美国现代史《光荣与梦想》第一册的任务落在我的头上(第二册以下由别人负责)。感谢陈继文同志的帮助和毕朔望等同志的校订,第一册在一年内译成出版了。现在根据当时的笔记,谈点个人的体会,向行家请教。

依我看,译书有四难:了解原文词义难,掌握原文精神难,添上适当注解难,译出原文风格难。不消说,能否译出原文风格是衡量译本的最高标准,尤其是在翻译文学作品或用文学笔调写的历史书的时候。

一

翻译的任务首先是达意,第一步自然要看懂原文。可是对我来说,这谈何容易。锁国近30年,连看一下美国新书报都困难重重,对人家的东西所知实在太少了。何况《光荣与梦想》所谈的是1932年至1972年的事情,这一段时间无论公私资料都很缺,有问题往往无处可查,难上加难,可想而知。

我也读过几本美国史,可是从没见过《光荣与梦想》这样的万花筒式著作。它非但是政治史、经济史、军事史、科技史,而且是歌曲舞蹈史、电影电视史、社会史、风俗史。大至炸毁广岛的原子弹,小至小孩子玩的冲天炮,上至横扫美国东部数州的大旋风,下至散落至华盛顿K街的马粪,它无所不谈。全书有无数的人名、地名、房屋名、舟车名、器具名、服装名、书报名、电影、歌曲、舞蹈名、商店、工厂、公私团体名,还有那些诨名外号,俚语哑谜,五光十色,不一而足。这样一本包罗万象的书,读起来诚然热闹有趣,然而译者苦矣!

请看下面斜体字是什么。

The Army and Navy needed all their energies to acquire conventional weapons; they had no time for *Buck Rogers games.*①(p. 214)

什么是 Buck Rogers games 呢? 是什么游戏或者体育竞赛吗? 不是,那是幻想小说里使用光线武器(ray guns)的战争。

His leisure interests were all midcult; watching *the Baltimore Colts* on television, listening to Mantovani, and reading the sort of prose the *Reader's Digest* liked to condense.②(p. 476)

The Baltimore Colts 是马还是人? 如果是人,是马球队还是垒球队? 两者都不是,那是足球队。

Between 1933 and 1937 Sinatra was one of the worst-paid entertainers in the country … The great Sinatra constituency was still too young to support him in the manner to which he would become accustomed, still distracted by *Big Little Books*, *Shirley Temple hairdos*, *G-man underwear*, *Yalebred Flash Gordon*, *bike foxtails*, and scooters fashioned from orange crates and roller skates.③(pp. 128 – 129)

G-man 是联邦调查局特工人员,这谁都知道; Shirley Temple 是著名童星,50 岁以上的人都晓得, Big Little Books 顾名思义可以料想到是青年软性读物; 可是什么书能告诉你, Flash Gordon 虽然出身于鼎鼎大名的耶鲁大学,可并不是什么渊博的学者,而是科幻片主人公呢? 至于 bike foxtails,那就更怪了。我们见过阔气的洋太太冬天脖子上围着狐尾在大街上高视阔步,可是谁见过自行车把手上绑着这样名贵的东西? 原来这只不过是松鼠尾或者飘带,名字好听,价钱可并不贵。

从上述各例可以看出,我在译此书时是很费劲的。

二

了解原文词义难,掌握原文精神更难。生词可以从词典中找,可以请教别人,原文精神可要译者自己从整段、整章、整本书来捉摸,无论什么工具书、什么知识渊博的朋友也不能代劳。其实生词还容易对付,熟词更难。有的词语只是"似曾相识",你以为蛮有把握,其实对它并不真正理解!

比方这书叫做 The Glory and the Dream,该怎么译呢? 这几个英语单词中学生都懂,可是作者为什么拿它做书名呢? the glory 之后跟着 the dream,两者之间的关系如何,是否可以撇开前者,只管后者,或者就按某些人的建议,把它点染一下,叫做"华府春梦"呢?

我开始摸出一点线索,是在看到原书内容目录前面引用的 Wordsworth 两行诗的时候。那是:

Whither is fled the visionary gleam?
Where is it now, *the glory and the dream*?

细读了 Wordsworth 原诗 *Ode to Intimations of Immortality from Early Recollections of Childhood*,知道那是基督教徒怀念童年时代对天国的憧憬的作品,意味深远,态度严肃。书名的来源如此,译为"华府春梦"就未免欠妥,因为这会使人误认此书为《金陵春梦》那样的稗官小说。

可是 The Glory and the Dream 到底指什么,我仍然不甚了了。偶然翻开借到的 *The Barnhart Dictionary of New English since 1963* (1973年出版),才恍然大悟。这本词典说:

American dream — a widely used catchphrase for the ideals of democracy, equality and freedom upon which the United States was founded.

The term may have been popularized by its use as the title of various works, notably *The American Dream* (1961), a play by Edward Albee, and *An American Dream* (1965) by Norman Mailer.

原来书名所指的是美国人早先抱有而后来淡忘的政治理想,作者借用 Wordsworth 的词语,是满怀感慨的。我对美国文学界、思想界的近况所知太少,所以摸来摸去摸不出个底细来。译者不能不读书;要人做翻译工作不能不让人家有书读,而且有时间读书;主管人对译者不能计日程功,限期交稿,一个劲儿催——这是我当时的深切体会。

三

翻译历史书不能像翻译一般作品那样,只要懂得英语就可以下笔。《光荣与梦想》一书谈到了许许多多的历史人物和事实,无论是明白说出或者暗中影射,都得下一番工夫检索考证。而且中英文各有特点,各有特殊的使用习惯,有些东西译不出,有的虽能译出,读者仍然不能很好地理解,这就不能不加上注释。

中国读者对外国历史地理一般不熟悉,这方面有许多东西非加注不行。例如:

> Thus the 1930s, which had begun with a cry for bread, ended with a yawn. *There was no Battle of the Marne this time*, nor even a sizable border skirmish.④ (p. 205)

这里说的是在第二次世界大战初期(那时波兰已经陷落),同盟国与轴心国之间暂时还没有什么激烈战斗,跟第一次大战开始不久德军就在马恩河流域猛攻法军不同。如不注出,读者不易明白。又如:

> Already a U-boat had sunk the S. S. *Athenia*, and in England furious U. S. survivors had been interviewed by *Ambassador Kennedy's twenty-two-year-old son Jack*. Young Kennedy's words to them — "We are still neutral and the Neutrality Act still holds" — had satisfied few.⑤ (p. 204)

如果不让读者知道 Ambassador Kennedy's twenty-two-year-old son Jack 就是后来 60 年代的肯尼迪总统,作者特别提到此人也就没多大意思了。

《光荣与梦想》一书中同名的人很多,容易把读者搞糊涂。罗斯福这一家出了两个总统:一个是兼用大棒和胡萝卜的 Theodore Roosevelt,一个是推行新政的 Franklin D. Roosevelt。后面这个罗斯福的父亲叫做 James Roosevelt,可是书中还另有一个 James Roosevelt,他跟总统只不过 500 年前是一家。倘不注出,罗斯福到处出现,怎么分得清谁是谁?

暗用典实,书中的例子也不少,这些地方更非加注不行。好比书里谈到罗斯福总统 1940 年向美国国会提出租借法案时这样说:

> The program ... was to be *fortuitously numbered House Bill* 1776 ...⑥(p.229)

为什么说 fortuitously(碰巧)呢?因为 1776 是北美洲殖民地发表《独立宣言》,脱离英帝国的年份。

双关语译不出,也得靠脚注来说明。这里举两个例子。

例子之一是电话号码居然也有意义。1940 年塔夫脱和罗斯福竞选总统,自以为稳操胜算。书里说:

> ... Taft had set up headquarters with *the confident phone number ME－1940* ... (p.225)

作为译者,我只能这样说:

> 塔夫脱的竞选总部也**十分自信,特意选用 ME－1940 这个电话号码**……(322 页)

可是为什么特意选用这个号码呢?因为在英语里,ME－1940 是"1940 年的总统舍我其谁"的意思。

例了之二是罗斯福的政敌兰敦州长对他的人身攻击,这里使用了影射的双关语。

> Governor Landon of Kansas declared, "Even the iron hand of a national dictator is *in preference to a paralytic stroke.*"(p.58)

A paralytic stroke 有两层意思。一层是,将来当选为总统的人要果断英明,能挽救美国的危机,这个意思我译出了:

堪萨斯州州长兰敦声称,"宁可让独裁者用铁腕统治,**也不能让国家瘫痪下来。**"(80页)

另一层意思是,罗斯福是个残废人,管不了国家大事,这个意思我无法表达,只好加上个脚注。

汉语和英语的社会习惯有许多不同,这在翻译时也是个难关。比方怎么称呼自己,就有很大的差异。古汉语一般自称为"余、予、吾、我",称名是客气说法。孔子在被围攻时,满怀自信地说:"天生德于予,恒魋其如予何?"可是听到人家的批评,却谦虚地说:"丘也幸,苟有过,人必知之"。英语与此相反:我们所熟悉的麦克阿瑟,他喜欢自称其名而不说 I,特别是在最骄傲自大的时候。

关于麦克阿瑟这个特殊语言习惯,《光荣与梦想》早就作了介绍:

> It was a *Fortune* writer, fortunately anonymous, who described the general as "shy and genuinely unsympathetic to publicity." That was nonsense. MacArthur even then, *spoke of himself in the third person*, flourished a long cigarette holder as he talked … (p.6)

到了1932年,这个习惯的具体表现就更多了。那时美国退伍军人因为生活困难,大家来到华盛顿请愿。麦克阿瑟当时是总参谋长,艾森豪威尔是他的副官。副官认为,退伍军人请愿闹事是民政事件,现役军人不必管,可是麦克阿瑟却不以为然。

> "This is political, political," Eisenhower said again and again, arguing that it was highly inappropriate for a general to become involved in a streetcorner brawl. The general disagreed. "*MacArthur has decided* to go into active command in the field," *MacArthur declared*. There is incipient revolution in the air.⑦ (pp. 12 – 13)

MacArthur has decided …, MacArthur declared 该怎么译? 如果直译,不熟悉古汉语的人会觉得奇怪,熟悉古汉语的人则会误以为麦克阿瑟态度谦虚。如果不直译,又显不出此公的特殊口吻和骄横性格,上文所说的 spoke of himself in the third person 也得不到例证。我的办法是直译原文,再补上一条脚注⑧。

四

上文虽然谈的是意义问题和注解问题,其实已经接触到风格问题。每种语言都有自己的特性,都有自己独有的声音、文字、修辞手法和社会习惯,这是无法移植的。古书说:"橘逾淮而北为枳。"橘子好吃,枳可是酸苦的。翻译正是如此。一篇好文章,翻译过来往往读不得。你可以把大意译出,可是原文那些音乐性和形象性,原作者那些言外之意和弦外之音,你会丢掉一大半。

在翻译《光荣与梦想》时,我常常感到自己文笔太拙,无法传神。这书有形形色色的人物,有各种各样的口吻。罗斯福的演讲清新晓畅,肯尼迪的演讲精练遒劲,伍尔夫(Thomas Wolfe)的文章堆砌繁缛,罗杰斯(Bill Rogers)的文章泼辣尖锐。文如其人,一望而知是谁的手笔。可是用什么方法让读者感到不同的人有不同的风格呢?这是我完成不了的课题。

大段文章太占篇幅,不好引用,姑且举几个简短例子,说明我怎么处理一些风格问题以及失败到什么程度吧。

有时暗喻也能直译。例如:

> He ran his administration as a *one-man show*, and loved to exercise authority ... Arthur Krock reported that he was "*the boss, the dynamo, the works.*" (p.82)

> 他在政府里惯唱**独角戏**,喜欢发号施令。……阿瑟·克罗克报道说,罗斯福"**是老板,是发电机,是钟表的发条**"。(114页)

有时原文用暗喻,汉语恰好有另一个暗喻和它相当。例如:

> Once she wondered whether her outspokenness might be *a liability* to Franklin. (pp.92-93)

> 一天,埃莉诺问罗斯福,她自己那么心直口快,是否会成为他的**包袱**。(131页)

在英语用借代格(metonymy)时,汉语可能加点东西就能把意思说清楚,不过已经不如原文简练了。

  No phrase was borrowed; it was *pure Roosevelt*. (p.76)
  这里没有一句话因袭别人,**纯粹是罗斯福口吻**。(106 页)

下句这样改变说法,也许不会受到指责:

  She ... set what was conceded to *be the finest table* in White House history. (p.23)
  她的**食谱**据说是白宫历史上**最讲究**的。(同上,30 页)

但是有时暗喻只能改为明说:

  At the White House, ... discrediting the BEF became the official line ... *Some of the dirt was bound to stick.* (p.17)
  诋毁"远征军"成了官方的拿手好戏……**受过诬蔑,就洗也洗不掉**。(21 页)

把下面的 Main Street 译为"一般人"有简短明白的好处,可是原文有美国小城市居民狭隘自满、目光短浅的含义,译文却表达不了。

  If Main Street didn't understand this, *Wall Street* did. (p.85)
  这一点,**一般人**不理解,**华尔街那些大老板们**却是明白的。(119 页)

下面这句原文很有风趣,译文可惜完全丧失了这种风趣。

  Bette Davies, Spencer Tracy and Frank Capra were Oscars. ... *Alfred Hitchcock was making a lady vanish.* (p.197)
  电影演员贝蒂·黛维丝、斯本塞·屈莱塞、弗兰克·卡普拉获得了奥斯卡金像奖。……**艾尔弗雷德·希契科克导演了《名媛失踪》**。(281 页,影片原名是 *The Lady Vanishes*.)

下面这一句的译法料想是可取的,不过我不能居功。

  It (the Army) cost roughly a quarter of one percent of today's military juggernaut *and looked it*. (p.6)

当时军费仅仅约为今天的庞大开支的千分之二点五上下;**果然,一分钱,一分货**。(6页)

"and looked it"我本来译为"军容极差","一分钱,一分货"是毕朔望同志改的,改得好。

有个地方使用典故,我用换说法(paraphrase)渡过了难关,可是很不满意:

在经济大萧条年代,美国人都陷于穷困,有的竟连老婆生孩子也付不起留产费。为了预防赖账,得克萨斯州罗伊斯城两位医生登了一则广告。原文是这样的:

> If you are expecting the stork to visit your home this year and he has to come by way of Royce city, he will have to bring a checkbook to pay his bill before delivery. (p.39)

英国民间传说,婴孩是stork(鹳鹤)带来的。我的译文是:

> 如尊夫人有喜,要来罗伊斯城留产,请备足款项交费,才能接生。特此通告。(53页)

意思是译出来了,可是开口就是钱,过于露骨,原文因为用典,骨子里冷酷,措辞却很俏皮。两相比较,我的译文差多了。

古代著名佛经翻译家鸠摩罗什说:翻译"如嚼饭哺人,非徒失味,乃令呕哕"。意大利哲学家贝内代托·克罗切(Benedetto Croce)也说:"翻译要么是忠实而丑,要么是不忠实而美。"两人虽然有点偏激,却深知此中甘苦。每一个译者都晓得,自己天天在走钢丝,不是失之拘泥,就是过于自由。恰到好处——谁能做到这一点,谁就能拿翻译工作的金质奖章。

注　释

① 陆军部和海军部都忙于采购常规武器,没有工夫来过问新玩意儿。(中译本306页)(为了便于读者理解,我们将中译文附录于此,下同。这里"新玩意儿"指的是当时在研制中的武器。——编者)
② 他的业余兴趣,都是中产阶级文化:在电视里看巴尔的摩科尔特球队比赛,收听曼托瓦尼的音乐和阅读《读者文摘》喜欢压缩的那类文章。(667页)

③ 1933 年至 1937 年间,西纳特拉是薪水最微薄的艺人之一,……可是那时年轻人还不能出那么多的钱买票,而且除音乐之外,他们还要搞很多别的名堂:看"大型小蓝书",烫"雪莉·邓波儿式"头发,穿"G 人式"内衣,看从耶鲁大学出身的佛拉什·戈登为主人公的科幻片,买自行车把手狐尾,并且给装橙子的板条箱安上滑冰鞋改为踏板车。(183 页)

④ 这样,20 世纪 30 年代在美国虽以饥饿呼号开始,却以闲散厌倦告终。这次欧战不同于上次,没有马恩河战役,甚至大规模的边境前哨战也没有。(293 页)

⑤ 轮船"雅典娜"号已被德国潜艇击沉,有些人幸而生还,到了英国,驻英大使肯尼迪的 22 岁的儿子杰克跟他们谈过话。他们对德国的行为表示愤慨,杰克却对他们说:"我们仍然是中立国家,中立法依旧有效"。听了这话,没有几个人满意。(291 页)

⑥ 这套计划,……碰巧叫做众议院第 1776 号法案……。(328 页)

⑦ 他的副官艾森豪威尔……一再说:"这是政治事件嘛,政治事件嘛。"副官认为,街头打架,将军犯不上插手。可是将军不同意。他宣布说:"叛乱的苗头出现了,麦克阿瑟决定亲临督战。"(15 页)

⑧ 原脚注为:"上文说过,麦克阿瑟爱用第三人称说自己怎么样。这是自高自大的表现。"——译者

(原载《翻译通讯》1980 年第 6 期)

辨义为翻译之本

问：你觉得在翻译工作中，最重要的问题是什么？

答：谁都知道，翻译是转述而非创作，因此译者应该：（1）知道原作者说的是什么；（2）能够用另一种语言准确无误地把原意表达出来。孔夫子说："辞达而已矣。"我看，这就是翻译的主要任务。

我看过的译文不多，但是我发现，有时译者懂得原文的意思，却表达得不甚确切；有时译者欠谨慎，没有弄清原文的意思就匆忙下笔。前者例如把 lobbyists 译为"院外集团"，其实 lobbyists 虽不是议院本身的成员，却是在议院走廊和休息室内进行游说活动的，似不如改译为"门厅说客"。后者例如把 John Steinbeck 的小说 *Of Mice and Men* 译为《人鼠之间》，好像原文是 Between Mice and Men 似的。其实只要查一下 *The Shorter Oxford Dictionary*，就知道 mouse and man 指 every living thing。但是，更重要的是应知道原题出自 Robert Burns 用苏格兰英语写的诗句："The best laid schemes o'mice an' men gang aft a-gley"（芸芸众生们想出的最好的计划往往落空）。这其实在暗示，小说中的人物 George Milton 和 Lannie Small 两人虽然曾经梦想过合办一个小农场，可是后来没有如愿以偿。如果不拘泥于字面，似可译为《枉费心机》。

我举出这两个例子，并不是要指责谁，只是说明翻译并非易事。如果说毛病，我自己译文中的毛病就够多的了。

对于翻译，理解和表达好比一辆车的两个轱辘，缺一不可。不过，权衡一下，还是理解更为重要。理解不清，就会表达不当，你看是不是?

问: 依你看来,英语词句最易误解的是什么?

答: 这个问题不好回答,因为我校改过的译文不多,也未作过统计。不过,最近我从 1982 年度的美国书刊中挑出一些章节给青年同志试译,发现有几个词的意义许多人没有弄清。值得注意的是,这几个词并不是罕见的,也非古雅艰深的,而是常用的,如 industry、cadre、service station、outlet 等。请看原文:

a. In addition, one of the fast-growing *transportation industries* is the motor-coach tour.

显而易见,transportation industries 应该译为"运输业",因为 industry 可指 any general business field (*The Random House College Dictionary*, 1980)。有的人却以为 industry 只能指工业,所以给卡住了。

b. Jonathan Kozol, Author of *Prisoners of Silence*, a book about adult illiteracy in the U. S., has called for a campaign that would enlist *large cadres of volunteers* to bring basic skills to all Americans.

我们惯于拿"干部"这个词指一个人,说某人是大干部、小干部或得力干部等等。英语的 cadre 也可以这样用,如 a hight-ranking cadre。可是,这句的 large cadres 却不是什么"大干部",而是一大批人构成的集体。

c. Many dealers operate gun shops, but others sell weapons in *service stations* and country stores.

1980 年出版的 *The Random House College Dictionary* 和 1978 年出版的 *Longman Dictionary of Contemporary English* 都说,service station 指汽车加油维修站。service 在这里用狭义,不用广义。

d. Begun on a shoestring (少量本钱) in the late 1950's, the firm now has 138 *outlets* and projected 1982 sales of 80 million dollars.

outlet 能译为"出路"吗？*Webster's New World Dictionary*（1972）说，这是 a store, agency, etc. that sells the goods of a specific manufacturer or wholesaler，似不妨译为"展销部"或"门市部"。

以上各例都有个辨义问题。英语单词与汉语单词在意义上往往是左右交错而非上下重合。不明辨词义，就很难译得精密准确，也就是不"信"不"达"了。

问：我发现，在事物分类法方面，英语有时跟汉语不一致，好比 father-in-law 既可指岳父，又可指公公。这在翻译时也会引起困难吧？

答：是的。而且英语所分出的类别，有的在汉语里根本不存在，这就更难处理了。好比 meat 有 red meat 和 white meat 之分，goods 有 hard goods 和 soft goods 之分，你看能按字面译过来吗？下面两个句子是谈苏联的市场情况的：

e. *Red meat* has disappeared from state stores; milk and vegetables are scarce.

f. Soviet consumers come nearest to their American counterparts in consumption of food, beverages and tobacco and *soft goods*.

有的范畴虽则汉语中本来没有，可是一从外国语引进，就普遍采用了，如计算机的"硬件、软件"就是。可是，soft goods 指不十分耐用的商品，如布匹、衣服、地毯，hard goods 则指耐用商品，如汽车、桌椅、家庭用具之类；red meat 指牛肉、羊肉、鹿肉，white meat 则指小牛肉、猪肉、鸡肉等等。这些名称在翻译时恐怕只能改用列举法，不好叫做什么"软货、硬货、红肉、白肉"吧？

在碰到困难时，我们自然要求助于词典，但有的词典是不怎么令人满意的。例如，梁实秋主编的《远东英汉大辞典》（1977）给 red meat 的释义是"未煮前颜色是红色的肉类"，只说明意义而不举例，这对中国读者能有多大帮助呢？至于 white meat，虽然该辞典序文说"全稿收字逾十六万"，可是这一条却没收进去，不能不说是一个值得惋惜的遗漏。

问：美国英语特有的说法，有时也会引起我们译者的误会吧？

答：是的。请你猜一下 coach class、post exchange、home maker 是什么意思,再看下边的例句该怎么解释。

g. Plane fares vary, but a sample oneway plane fare *coach class* from Chicago to Knoxwell would be ＄157.

coach 是 air coach 的简称。(你知道欧洲有 airbus,可知道美国有 air coach 吗?) coach class 是某些航空公司票价最低的客机座位。

h. Attracted by the low prices available at *post exchanges*, soldiers striving to spruce up their drab existence are spending more than 200 million dollars a year on stereo equipment from the military shops.

你能从这句的上下文猜出 post exchanges 就是 military shops 吗?这里的 post 不是"邮局",而是"兵站"。post exchange 乃是 a retail store on an army installation (*The Random House College Dictionary*),大概相当于"营房小卖部"吧?

美国有许多人偷税漏税,其中有大名鼎鼎的人物如十年前的副总统 Spiro Agnew (后来被迫辞职),也有下句所说的那些小人物:

i. *Homemakers* and retirees bring in free-and-clear cash (不纳所得税的进款) by doing informal chores for others.

retirees 是退休人员,这是毫无疑问的;可是 homemaker 是什么样的人呢?原来是 a person who manages a home, esp. a housewife (*Webster's New World Dictionary*),相当于"家庭主妇"或"持家的妇女"。这个词,*The Concise Oxford Dictionary* (6th edition, 1976) 中没有收,可见在英国还不怎么常见,但在美国却已经很流行了。

问：在美国英语特有的词句中,俚语给了我们很多麻烦吧? coach class 不能算是俚语,hot dog 却是俚语了。我记得,有个时期,我还误以为美国人也爱吃刚开锅的狗肉呢!

答：你说得对。非但我们中国人觉得美国俚语难懂,连 Somerset Maugham 那样的英国作家也曾经为此而叫苦。而且俚语的形式和意义是不断发展的,例如下句的 hot dog 就再也不是"红肠面包"的意思了: He was a real *hot dog*(好手),but when we had him move up to the pros(与职业运动员比试) he couldn't take the pressure (Barnhart, *A Dictionary of New English*, p.212)。

下面是我从 1982 年美国书刊中随手挑出的两个例子,可供参考:

j. Unfortunately, *con artists* move fast and leave few tracks, or operate in a gray area of the law.

con artists 是俏皮语,它说的不是什么艺术家,而是骗子。

k. No partners or joint venturers. Just me. I have run this business *by the seat of my pants* and intuition.

by the seat of my pants 指凭自己的经验,不是谈什么裤裆方面的事情(原指飞机驾驶员飞行时不靠仪表,只凭经验)。

问:有个外国朋友问我,"你太麻痹了"是什么意思?我说,那是说人家太大意。他说,只说 you are too numb,人家怎么知道是 too careless 呢?在英语里,也有把词语压缩的类似情况吗?

答:怎么没有?我的青年朋友们正是被这样一些说法搞糊涂了。请看:

l. The *consumer price index* in April rose by 0.2 percent.

consumer price index 不是"消费者价格指数",而是"消费商品价格指数",即食物、衣着等日用品的价格指数。consumer price 就是 consumer goods price。

下面的 heart 和 lung,你以为是指什么东西呢?是"心"和"肺"吗?

m. Warning Labels on Cigarettes

Health groups such as the American Cancer Society, *American Heart Association and American Lung Association* agree that sterner warnings are needed because the present label has lost its effectiveness.

不难看出，heart 指 heart disease，lung 指 lung disease，所以 American Heart Association，American Lung Association 能与 American Cancer Society 并列。

"沙文主义"是什么？《新华词典》(1980)说，是"一种反动的资产阶级民族主义"。这当然是对的。可是下句的 chauvinist 是指抱有这种思想的人吗？

n. In an Army where griping（抱怨）is a tradition and morale is spotty, the women catch surprisingly little criticism. "I'm basically a *chauvinist*," says one senior sergeant, "but in some ways, they're better than men."

这里的 Army 指美军，men and women 指男性官兵和女性官兵。有个男性下级军官承认，在美军中，男兵还不如女兵。可是为什么他抱歉地说"I'm basically a chauvinist"呢？是因为觉得自己轻视其他民族吗？不，是因为他以为自己是大男子主义者(male chauvinist)。

问：中国学生容易搞错的英语词句还有别的吗？

答：还有不少，因时间有限，只能再讲两点：

（1）美国语法习惯有时有点特殊，要细心体会。have to be 在一般情况下是"必须"的意思(you have to be patient with her)，可是在美国英语里，它有时只是揣测之辞，并不表示什么责任或需要。例如：

o. Just the other day here in Washington, a 12-year-old girl was arrested for pushing heroin（贩卖海洛因）. When you read things like that in the paper, you know something *has to be*（一定是）wrong.

(Nancy Reagan)请注意，说这话的是里根总统的夫人。

p. The American people, I think, are united by a mistrust of politicians and public figures. And there *has to be*（一定有）concern over a lingering but still strong national suspicion of authority, both in ideas and institutions, with profound bearing on our future leadership.

（2）时间单位是秒、分、小时等等，距离单位是英尺、英里等等。如果用时间单位表示距离，应该加上移动方式，如 ten minutes' walk, half an hour's ride 之类，含义才清楚。可是，请看下面两句：

q. Typical is Southern Maryland's Calvert County, which at its closest points is 35 miles and almost *an hour away from downtown Washington*.

r. They live *within an hour of each other* in the Baltimore area.

用时间单位（an hour）来表示距离，而不说出是步行、乘汽车还是坐飞机，这不是太含糊了吗？但这个用法已收入 *The Concise Oxford Dictionary*, *Webster's New World Dictionary*, *The Random House College Dictionary* 和 *Collin's Dictionary of the English Language*（1979），并且都举了例。不管你喜欢不喜欢，你不能不承认这是现代美国通行的英语。在这种情况下，an hour 只能笼统地译为"一小时的行程"了。

上面这些例子说明，做翻译工作，必得仔细研究原文。弄清了原文的意思，译文往往仍然不满意，这是古人所谓"刻鹄不成尚类鹜"。如果意思还摸不准就动笔翻译，那恐怕连"画虎不成反类犬"也说不上了。

辨义为翻译之本，这是我的浅见，仅供参考。

（原载《翻译通讯》1984 年第 4 期）

关于译名的三个问题

中山大学外语系《英汉应用语言学词典》的编写工作,已经进行了一年。在这一年中,我们碰到了不少问题,有的已初步解决,有的还没解决。这里用问答形式对三个问题提出一些意见。这样做,首先是为了向读者请教,同时也逼着自己清理一下思绪,希望以后目标更加明确,方向更加清楚。

一、原名与译名的对应问题

问:有人说,一个术语应该只有一个概念,那么一个外语原名是否应该只有一个译名?现在我们的术语翻译情况如何?

答:一个术语一个概念,国内外都有人这样主张。国外的如 Guy Rondo[①],国内的如刘涌泉先生[②]。但是这是个理论问题,我们还是先看看实际情况,再回头谈理论问题为好。

如果我们用 S(source)代表外语原名,T(target)代表汉语译名,(+)代表"或许更多",0 代表零,那么汉语译名与英语原名的对应关系可以分为四类:

(1) 1S→1T,即一个原名,一个译名。例如 hydrogen 译为"氢",cell 译为"细胞",electron 译为"电子",不论在什么情况下,译名不变。这最便于使用,也最易学习。

(2) 1S→2(+)T,即一个原名,但有两个或更多的译名。这有两种情况:一种是应有的,一种是不应有的。

如果原名虽只有一个写法,可是有两个不同的概念,那么事实上这是两个同音同形的术语,应当有两个不同的译名。例如现在有人遵照 F. de Saussure 的二分法，把 langue 译为"语言"，把 parole 译为"言语"，这是对的。但是英语 speech 这个词本身还有"语言"的意思，好比 American speech 是"美国的语言"，并非"美国的言语"。speech community 能译为"言语共同体"吗? speech variety 能译为"言语变体"吗? 美国 Edward Sapir 的名著 *Language: An Introduction to Speech* 能译为《语言: 言语导论》吗? 要是遵循一个术语一个概念的原则，我们应该从上下文体会出这个词的真正的意思，有时译为"言语"，有时译为"语言"，这才是丝丝入扣。

另外一种 1S→2(+)T 是不值得欢迎的，即一个原名，一个概念，可是有两个或三个译名。例如 isogloss 只有一个概念——a line drawn on a map to mark the boundary of an area in which a particular linguistic feature is used，可是既译为"同语线"，又译为"同言线"，还译为"等语线"③。这样一意数名，只有增加记忆的负担，并没有加深词义的认识，我看不出有什么好处。

(3) 2S→1T，即两个原名，两个概念，可是只有一个译名。这个做法使人弄不清译名的概念是什么，与原名中哪一个相当。例如现在一般书刊都把 information 译为"信息"，把 message 也译为"信息"。可是一个 message 能包含若干条 information，两者本是不同的概念。我们见过这样的说法: redundancy — the degree to which a *message* contains more *information* than is needed for it to be understood④。这里 message 和 information 同时并用，各有其意义，请问怎样处理?

目前叫人困惑的同类情况还有一些，例如 phone 和 phoneme 有人都译为"音素"，utterance 和 discourse 有人都译为"话语"⑤。原文泾渭分明，译文不分彼此，这样的问题，必须大家讨论才能找出一个解决办法。

(4) 此外还有一个困难问题，那就是 S→0T，即只有原名，还想不出妥当的译名。这样的原名往往出现于社会语言学著作，例如 *network* — a group of people within a larger community who are in a relatively fixed relationship to one another and who communicate among themselves in certain more or less predictable ways, e. g. a family group, a tutorial group at a university, the staff in an office⑥。这样复杂的概

念,非但汉语没有现成的相当词语,就是 network 这个词在英语里本来也没有这样一种内容。翻译这样的术语,要从无到有,自我作古,其困难可想而知。

以上说了翻译术语时的四种情况。现在要问,一个原名是否只应有一个译名呢? 我看也不可一概而论。从教学看,从逻辑看,一个原名最好只有一种译法;可是从实际使用看,一个原名未必处处能用同一种译法。

译名用词有搭配问题。同是一个意思,与 a 词搭配该用 b 词,可是与 c 词搭配该用 d 词。比如 long distance 是远距离,可是 long-distance telephone 该译为"远距离电话"呢,还是"长途电话"呢? long-distance bomber 该译为"远距离轰炸机"呢,还是"远程轰炸机"呢? 这些是不难回答的问题。

译名还要考虑惯用名称问题。例如 literacy 是读写能力,可是 literacy class 译为"读写能力班"不如"扫盲班",literacy test 译为"读写能力测试"不如"识字测试"。为了易懂,我们得用熟语;为了上口,我们得用简称。

翻译是科学,可又是艺术。完全用数学或逻辑来处理语言问题,那是理想,可是我们觉得行不通。不知道您同意不同意?

二、目前书刊中译名的质量问题

问: 你们编写《英汉应用语言学词典》,想必参考了许多辞书。请问这些书中的译名给你们的印象如何?

答: 在辞书编写方面,我们是后起者,经验不多,眼界也不宽。我们参考了十一种书,对各书的编者应该表示诚恳的谢意,因为没有他们当开路先锋,我们的进程必将更为困难。

在我们的参考书中,国内出版的有七种,香港出版的三种,台湾出版的有一种。书名如下:

《辞海·语言学分册》,1987,上海

黄长著等译《语言与语言学词典》,1981,上海

林传鼎等编《心理学词典》,1986,南昌

《英汉心理学词典》,1981,北京科学出版社

中央教育科学研究所编《英汉教育词汇》,1982,北京

桂诗春著《标准化考试——理论,原则与方法》,1986,广州(卷末有考试术语汉英对照表)

祝琬瑾编《社会语言学论文集》,1985,北京(卷末有常用术语英汉对照表)

江绍伦编《英汉社会科学教育学词汇》,1974,香港

谢剑编《中译人类学词汇》,1979,香港

香港中文大学编《中译社会学词汇》,1980

《云五社会科学大辞典》第九册《心理学》,1975,台湾

在以上各书中,第一、第二两种对我们帮助较大,其余的我们只翻检一下,并未了解其全部内容。因为现在我们是在讨论译名问题,不是评论这些书,所以下面所举例子虽都有出处,但不注明出自何书。

如果不谈优点,只谈缺点,上面这些书的一部分译名有如下问题:

(1)误解原文。

这样的例子不多,但是确实存在。例如把 Noam Chomsky 的术语 language acquisition device 译为"语言习得方法",而不知道 Chomsky 说的是人们大脑里的一种机制(mechanism)。又如把 speech island 译为"言语岛",不如"语言孤岛"更为醒目,即一个被另一种语言包围的小语言社团。

(2)原文意思清楚,译名意思含混。例如:

apparent movement"似动"。按:这个心理学术语说的是眼部错觉,似可译为"似动非动"。

proxemics"空间关系学"。按:这个人类学术语指两个人进行交际时彼此之间的距离,似可译为"体距学"。

acculturation"涵化"。按:这是社会学术语,似可译为"文化适应"或"文化顺应"。一个移民刚从祖国到另一个国家,人地生疏,很不协调,要能适应那里的文化才能好好生活下去,这种适应过程就叫 acculturation。

field dependence"场倚赖"。按:所谓 field,是同时存在、相互依

赖的一些事物所组成的整体,这是完形心理学派的术语。有一本书把 field dependence 译为"现场依赖性",我们觉得较为清楚。

holophrase"表句词"。按:这个语言学术语指幼儿用一个词表达大人用一个句子表达的意思,如"妈妈"表示"我要妈妈抱"。译为"单词句"也许好一些。

(3) 原文一名一义,译文一名两义。例如:

decoding"译码"。按"译码"可以译入,如把"猫"译为"235";也可以译出,如把"235"译为"猫"。为了明确,decoding 翻成"译码"不如"解码"。

error analysis "错误分析"。按:这个译名可以理解为 error analysis,也可以理解为 erroneous analysis。改为"误差分析",就不会有歧义了。

attention span"注意广展"。按:这个译名是说注意的范围有多大呢,还是说把注意力集中在广度上而不是其他方面呢?如果改为"注意力跨度",岂不是更清楚些?

associative learning"联合学习"。按:这个心理学术语的意思是通过联想来学习,如从"书本"想到"知识",从"奇特"想到"平常"。译为"联合学习",虽然简短一点,可是乍看起来好像是大家一块学习。似以改译为"联想性学习"较好。

(4) 两个原名意义各异,译名的界限不大分明。例如:

有一本书把 standard deviation 译为"标准误",standard error of measurement 译为"标准差"。这真如《西游记》里的真假孙悟空,表面相同,实质大异,叫不懂原文的读者如何分辨?

(5) 译名生硬别扭,读起来如骨鲠在喉,怪不舒服。例如:

peer group"友侪、同辈侪、同侪群、同侪集体、同辈小组"。按:汉语只说"同辈","同侪"或"侪辈"。

anomie"规范失调,缺规,失范"。按:anomie 指一个人因为与社会脱节而感到不安,建议译为"事物反常感"。

all-or-none law"全或无律"。按:这个心理学术语的意思是,或者刺激分量不够,神经不起反应,或者神经反应达到极度。如果改为"非全则无律",也许读者会觉得洋气不太重,易于接受吧?

搞翻译的人是"语言工程兵",他要逢山开路,遇水架桥。路铺得不太平,桥架得不太稳,乃是常事。我们并不想对同行加以苛责,因为我们知道,只有相互帮助,再三加工,才能把工程的质量提高一点。

三、词典中译名的标准问题

问:听了你的话,我知道了目前的译名还有模糊和混乱的缺点。可是在编写《英汉应用语言学词典》的过程中,你们根据什么原则来处理译名问题呢?

答:我们认为,一本好词典应该具有两个特性:一是可懂性,二是可读性。Donald J. Lloyd 和 Harry R. Warfel 讨论美国词典,赞赏 Webster's New World Dictionary 的定义有文字之美⑦。词典文字要讲究,这是我们还不大注意的问题。如果我们把 Longman Dictionary of Applied Linguistics (1985) 和 David Crystal 的 A Dictionary of Linguistics and Phonetics (1985) 比较,或者把 Dagobert D. Runes 的 Dictionary of Philosophy (1962) 和 The Fontana Dictionary of Modern Thought (1977) 比较,就会发现无论在可懂性或可读性方面,Crystal 和 Fontana 两书的文字都比其他两本书高出一筹。

为了能做到比较可懂和可读,我们对自己提出了六项要求,可是限于能力和学识,并不能完全做到。这六项要求是:(1) 通用;(2) 准确;(3) 明白;(4) 简洁;(5) 有系统性;(6) 有区别性。这些要求一般是互相支持的,可是有时又互相矛盾,例如已经通用的译名有的不很准确,意思明白的译名又未必直截了当。

(1) 我们把通用作为译名的第一标准。凡是已经通用的译名,读者一看就知道是什么意思,所以不必再改。

比如,如果我们查一下词源,就会发现下面这些尽人皆知的译名在构词法上跟原名对不上号:

telegram	电报	tramcar	电车
telephone	电话	elevator	电梯
refrigerator	电冰箱	television	电视

这些译名都以"电"字开头,可是原名没有一个含 electro-这个词素。如果有人要求按构词成分翻译,那么 television 的译名就得改为"远视"。

再说,research student, graduate student, postgraduate student,这是三个不同的原名,但是通用的译名都是"研究生"。如果按构词成分翻译,就得有三个不同的名称。

(2) 第二个标准是准确。准确指的是把原名的真正意思译出来,而不是拘泥字面对应。因此,相同的构词成分,可以有不同的译法:

    a. developmental psychology   发展心理学
    b. developmental error   发展期中的误差
    c. developmental functions of language   发展期中的语言功能

a 条的 developmental 是一辈子的事情;b、c 两条的 developmental 是一定期限中的事情。如果把 developmental error 译为"发展中的错误",那就好像要永远错下去,越来越多,永无纠正之日了。

从下面的修改法可以看出我们的努力方向:

原名	初译	改译
catenation	连接	语音连接
syllable-timed rhythm	音节拍子节奏	音节定时节奏
coherence	连贯	意思连贯
cohesion	联系	词语联系
language loss	语言丧失	语言能力丧失
automatic translation	自动翻译	机器自动翻译

(3) 第三个标准是明白。明白与准确密切相关。译名意思不明白,就谈不上准确。钱钟书先生说得好:"译文达而不信者有之矣,未有不达而能信者也"。⑧如果原名说什么读者一望而知,当然不应该把它翻译成谜语。如果原名的意思不能一看就懂,我们就要尽力把它译得浅显一些,这才对中国读者有帮助。

我们的做法如下:

原　名	初　译	改　译
limited English speaker	初步英语使用者	英语初通者
received pronunciation	标准发音	英国标准音
communication strategy	交际策略	语言交际策略
adjacency pair	毗邻语对	紧接呼应句
decreolization	克里奥耳语脱化过程	克里奥耳语单一化

(4) 第四个标准是简洁。译名要做到明白已经不易,要简洁当然更难。但是简洁是汉语的特点,许多译名已经自然而然地产生了简称:

原　名	译　名	简　称
foreign trade	对外贸易	外贸
influenza	流行性感冒	流感
air-conditioning	空气调节	空调
microcomputer	微型计算机	微机

我们发现,压缩译名长度,非但能减少音节,易于上口,有时还能增加信息内容,提高词义明晰度。例如:

原　名	初　译	改　译
submersion program	沉浸式教育课程	沉浸式教程
critical period hypothesis	临界时期假说	临界期假说
egressive	外送气音	呼气音
modified speech	修饰性语言	雅化语言
innatist hypothesis	天生假设论	语法天生说

The innatist hypothesis 是 N. Chomsky 的假说,他认为接受语言的各种规则的能力,婴孩生而有之,不用父母师长一条条讲授。

(5) 第五、第六两个标准是系统性和区别性,这最不易做到。

先谈系统性。词汇有上下级之分,例如 phoneme(音位), morpheme(词素)是上级词, allophone(音位变体), allomoph(词素变体)是下级词,这里有系统性,无论是原名还是译名都可以一望而知。

但是,有时系统性只是词义上的事,而不是词形上的事,例如 type 是上级词,token 是下级词,在懂英语的人看来是清楚的。可是为了表明上下级关系,我们认为把 token 译为"标记"、type 译为"标记类型",中国读者较易明白。

有的系统是某一位学者自己创立的,例如英国哲学家 J. L. Austin 提出了 speech act(语言行为),并且分为三种,试译如下:

locutionary act	述事性行为
illocutionary act	施事性行为
perlocutionary act	成事性行为

这里非但概念是新的,原文术语也是自撰的,其中:il-、per-两个词缀初学者不易看懂。Crystal 认为,Austin 所谓 speech act,并不是指 an act of speech(张嘴说话),而是指 a communicative activity(交际活动)[9]。这样的术语,自然难译得妥当。

(6)译名非但要表达出系统性,还要表达出区别性,即词语的同义(或近义)关系和反义关系。例如:一个学生懂得英语复数名词应加-s,可是因为不留神弄错了,这叫做 mistake(失误);但是如果他根本不懂得这条规则,那么他的错误就不是 mistake,而应该称为 error(误差)。这样的微妙区别,在译名中很难显示。下面是我们的一些尝试:

a. 关于意义的词

meaning	意义
denotation	明指意义,字面意义,外延
connotation	暗涵意义,附加意义,内涵
reference	指称意义
sense	词汇系统中的词义

b. 其他

verbal repertoire	语言知识库
speech repertoire	活用语言知识库
interlingual error	干扰性误差
intralingual error	本语困难性误差

所谓 interlingual error,指把本族语言的规则套用于所学的外语;所谓 intralingual error,指错误系因为学外语学不到家而产生,并非由于母语的影响。

经过一年的摸索,我们对什么才是好的译名,有了初步认识,可是怎么才能弄出个好的译名,我们还不知道。比如下面这个原名,我们就想了半个月还想不出一个准确、明白、说得上口又听得入耳的译名,不能不向您求教,不,应该说求救。这个原名是:post-creole continuum。

注 释

① G.隆多著,刘钢等译《术语学概论》,1985,第 128 页。
② 刘涌泉著《语言学现代化和计算机》,1986,第 232 页。
③ 《辞海·语言学分册》第二版,1987,第 9 页。
④ *Longman Dictionary of Applied Linguistics*,1985,p. 241.
⑤ 黄长著等译《语言与语言学词典》,1981,第 257、258、372、104 页。
⑥ *Longman Dictionary of Applied Linguistics*,1985,p. 191.
⑦ Donald J. Lloyd and Harry R. Warfel, *American English in Its Cultural Setting*,1956,p. 472.
⑧ 罗新璋编《翻译论集》,1984,第 23 页。
⑨ *David Crystal*, *A Dictionary of Linguistics and Phonetics*,1985,p. 285.

(原载北京外国语学院《外语教学与研究》1987 年第 4 期)

Linguistics and Translation

What are the relations between linguistics and translation? Can linguists be of any service to translation? The answer hinges on one's concept of linguistics.

If one sees linguistics as a body of rules regulating language, translators most probably will yawn with boredom. If it signifies the use of words and locutions to fit an occasion, there is nothing to stop translators from embracing linguistics.

In this article, linguistics is used in the broad sense, free from the trammels of Bloomfield and Chomsky and generally along the lines of Halliday and Dell Hymes.

The relations between linguistics and translation resemble those between literary theories and creative writing. Linguistics is not and cannot be the sole determinant in translation, but it is an aid if applied within limits and with prudence.

Incidentally, there are linguists who declare that translation is a science. This is a big claim, perhaps too big to be verified.

In the following, four topics will be taken up. They are (1) a brief look at translation in China, (2) the issue of translatability and untranslatability, (3) the criteria of translation and (4) where linguistics can help.

An unending wrangle

Over the centuries, there has been an incessant dispute between two schools of thinkers in China. On the one hand, there were the literal translators; on the other, there were the claimants for a measure of freedom. As a matter of fact, it was a debate between perfectionists and softliners, between strict teachers and considerate popularizers, or as Eugene Nida puts it, between the scholar and the stylist①. The one side wants to transplant, root and branch; the other settles for a workable if less than adequate rendering.

Among the early translators, Kumarajiva (鸠摩罗什,344—413), an Indian who came to China and mastered the Chinese language, is generally assumed to be a free-hander, while Xuan Zang (玄奘,602—664), the zealous Chinese learner who defeated all his opponents in philosophical debates in India, is a literalist.

Hu Shih (胡适,1891—1962), at home both in literature and translation, was an admirer of Kumarajiva, especially for his bold emendations, but he also pointed out that the Indian translator sometimes resorted to borrowings such as 阿耨多罗三藐三菩提(anuttarasamyaksambodhi), which has certainly mystified millions of Chinese Buddhists②. Liang Qichao (梁启超,1873—1929), on the other hand, sang the praises of Xuan Zang③, whose dictates, nevertheless, were questioned by the discerning critic Zhu Ziqing(朱自清,1898—1948)④.

Beginning some time towards the close of the nineteenth century and continuing up to the 1930s, another controversy was raging. On the one hand, there was Yan Fu(严复,1853—1921), a navy cadet turned social scientist who put forward the three-in-one principle of faithfulness, intelligibility and elegance⑤. As a translator, he often recast and adapted. On the other hand, Lu Xun(鲁迅,1881—1936), would rather have clumsy versions than anything free but inexact. He was not averse to the advice from Qu Qiubai(瞿秋白,1899—1935) however⑥.

Since Lu Xun had a big following, his creed was supposed to carry the day, but many practitioners probably followed their own principles. Those who wished to spread the Marxist doctrine had to catch the ears of the masses, and they found that translations that were too literal were often inexplicable to the ill-educated. In the fifties, the pendulum began to swing to the side of the free-handers. Some time later, students began to pay heed to Yuen Ren Chao(赵元任,1892—1982) and Lin Yutang (林语堂,1895—1976), both eminent in the fields of linguistic research and translation⑦. They also rediscovered Wu Guangjian (伍光建,1866—1943)⑧ and even reassessed Lin Shu (林纾,1852—1924)⑨, and listened with respect to Fu Lei (傅雷,1908—1966)⑩ and Qian Zhongshu (钱钟书,1910—1998).

When the critics have learned to be open-minded and objective, they can be expected to grow judicious and fruitful.

Are all texts translatable?

All conscientious translators, from Kumarajiva to Fu Lei, are dissatisfied with their own works. Most critics, from Dao An (道安, 314—385)⑪ to Ke Bainian (柯柏年), have found fault with the translators. Thus the question arises: Is translation possible? And are all verbal utterances translatable?

On such questions, opinions differ sometimes diametrically. Xuan Zang, the revered scholar monk of the seventh century, is positive that there are many expressions that cannot and should not be translated. Present-day Marxists made opposite claims.

Ever since the fourth century, Chinese translations of Buddhist classics had been cried down. The unkind critics likened such work to wine diluted with water or to food chewed up and spoon-fed, insipid if not nauseating⑫.

If one looks at the facts, it should be obvious that people speak and write generally to communicate and inform, not to confuse and mystify. Their discourse may be inexact, ineffectual or even faulty, but such is not their intention. The reading public believes that, as a rule, what is intelligible should be translatable.

Such sentiments, however, go against the grain of the ancient and modern literalists. To them, *prajnaparamita* could only be borrowed as 般若波罗蜜多, and *Bolsheviks* should not be rendered as 多数派 but 布尔什维克。

Are there things untranslatable? Certainly there are, and plenty of them. What is peculiar to a language or culture is resistant to translation. Alliterations, jingles, puns cannot be retained; Chinese antithetical couplets defy rendering, so do English sonnets. Allusions, though familiar to one nation, are often incomprehensible to aliens. And of course, incantations and taboos are not meant to be interpreted in another language.

Even when the expressions are easily understood, it is often tremendously difficult to give equivalents in another tongue.

As Xuan Zang points out, polysemous words are hard to render. *Realism* is 现实主义 or 写实主义 in literary criticism but 实在论 or 唯实论 in philosophy; *argument* is 辩论 in everyday conversation but 自变量 in mathematics; *memory* is 记忆 in psychology but 存储器 in computer science.

Moreover, different words in the source language may appear in the same form in the target language. Both *peasants* and *farmers* are 农民 in Chinese, but a farmer may be a rich man managing 1,000 acres while a peasant is only a poor fellow struggling along on a small piece of land. *Speech acts* are studied by philosophers and *verbal behaviour* by Skinnerian psychologists, but both may assume the form 言语行为 in Mandarin. In linguistic discussions, *sense* and *meaning*, *use* and *usage* are sharply distinguished, but how do you manage to do so in Chinese unless you provide attributive modifiers?

Words similar in constituents may be wholly unlike in meaning. In Cantonese, 酒家 is a restaurant, while 酒店 is a hotel; in Putonghua, 饭

店 is a hotel, while 饭馆 is a restaurant. A *drug store* in the U. S. sells a wide variety of merchandise; can it be covered by 药店? *At the chemist's* in the United Kingdom one can get cosmetics; is it expected of a 化学药品店 in China?

It seems justifiable to say that while in a language most expressions are translatable, there are some that defy rendering. This reminds us of modern literature. No doubt most twentieth-century novelists are comprehensible, but can you decipher James Joyce?

What is a good translation?

If all things were of the same length, there would be no need for yardsticks. If all sayings were equally translatable or untranslatable, there would be no need for theorists. But the sad fact is that the same saying may be translatable in one context but difficult to render in another. Anybody knows how to translate *We don't hang together*; so does he when he sees *We hang separately*. But how do you put into Chinese *If we don't hang together, we'd hang separately*? If one hangs to the meaning, one's grip on the form cannot be maintained; if one holds tight to the form, the witty remark will no longer be a witticism.

When one compares Chinese translation theorists with westerners, one finds a notable difference. The Chinese harp on the linkage between faithfulness and intelligibility; westerners focus on equivalence, variously phrased and defined[13]. The central issue, of course, is the criterion of translation. By what standard can we grade the quality of a discourse put into another language?

Just as among philosophers there are rationalists and agnostics, so among translation theorists there are monists and dualists, even triadists.

On the one hand, there are eggheads who believe in the principles they themselves enunciate. They call translation a science[14]. For them, rules can be formulated and tenets should be preached.

At the same time, there are unrepentant unbelievers. In 1981, Cao

Jinghua (曹靖华), a veteran translator of Russian classics, declared that there was no key to success in translation and no criterion for the job[15]. In 1988, Paul St. Pierre, who teaches translation and semiotics at Université Laval, bemoaned "the lack of consensus about what constitutes a good translation" and decided that "uncertainty and normality go hand in hand"[16]. As late as 1989, Eugene Nida admitted that "no full-scale theory of translation now exists" and that "we really know so little about what makes translators tick"[17].

In China, the monists claim that the sole requirement of translation is faithfulness. If a translator is faithful, he will have fulfilled all his obligations. The question is, however, faithful to what and in what way.

If to be faithful is to convey the message, the dualists (who want to be both faithful and intelligible) would agree only too readily. If to be faithful is to retain the morphological and syntactic patterns of the original text, the dualists would ask how common sayings such as *Nothing succeeds like success* or 靠山吃山, 靠水吃水 are to be faithfully represented.

The triadists, who insist on elegance (in the current sense, not Yan Fu's) in addition to faithfulness and intelligibility, do not see entirely eye to eye with the dualists. They are stylists who have a genuine care for the Chinese idiom. They feel uncomfortable when confronted with such an expression as 如是我闻. The wording has long been established in the translated Buddhist classics; it can be said to be both faithful to the original and comprehensible to Buddhist scholars; but the triadists ask, "do you think it is Chinese"?

At present, it seems that most Chinese readers agree with Guo Moruo when he says that faithfulness, intelligibility and elegance are all requisites[18]. And since Mao Dun asked for literary flavour in addition to faithfulness and intelligibility in translated literary works, there have been no dissenters[19].

The theory of translation equivalence was developed abroad, and has found favour with some Chinese academics. Only one demand is made, so the theorists are monists, but as they are often inconsistent, they look like pluralists.

In a long article published in 1989, one of the advocates of translation equivalence has a profusion of examples arranged under headings and sub-headings.

"Translation equivalence", says he, "is composed of stylistic equivalence, socio-cultural equivalence and linguistic equivalence, and linguistic equivalence can be sub-divided into pragmatic equivalence, grammatical equivalence and semantic equivalence"[20].

This decision, however, is easier made than sustained. When the same writer translates *She is no dancer* into 她压根儿不会跳舞, there is stylistic resemblance but no grammatical. Does he give precedence to linguistic equivalence? When he recommends rendering *As she worked hard, Mary achieved excellent results* into 玛丽学习努力,在期终考试取得优异成绩, is the choice based on linguistic equivalence?

One may agree that translation equivalence is a fascinating subject that deserves deep research, but linguistic phenomena are complexities that do not lend themselves to pigeon-holing. Too much compartmentalizing may bedevil the analysts instead of being helpful.

Where linguistics can help?

It would appear that linguistics has proved to be helpful on several counts.

First of all, linguistics has pointed out that different genres require different treatments. As is well-known, legal documents are not translated as lyrical poems are. Peter Newmark stresses that expressive writing (informal letters), informational writing (scientific reports) and communicative writing (advertisements) should be handled in different ways[21]. Wolfram Wilss remarks that "a qualified LSP translator is not necessarily at the same time a qualified translator of literary texts" and vice versa[22]. In China, Professor Jin Yuelin (金岳霖, 1896—1984) noted that even philosophical works are not all the same. Those based on pure logic are easier to translate, he thinks, but those imbued with metaphysics are distressingly intractable[23].

Second, a careful translator, in the opinion of linguists, has to take into consideration not only the text but also the linguistic context and the social background. A joke should not be reproduced as a statement of fact; an ironic remark is not to be taken at its face value. In answering questions, the Chinese expressions 是—不是 and the English counterparts *yes-no* operate differently and need careful discrimination.

Third, contrastive linguistics shows that in translation there are only approximations, never exact equivalents. To render is to imitate and to re-create, not to take a photoprint. 他去看病 in essence means *He went to see a doctor*, but the English speaker mentions the doctor, the Chinese doesn't. *He flung his arm around his father* means 他紧紧抱住他的父亲, but it is only in English that one senses the suddenness and force of the limb moving.

Fourth, all translations involve to a degree amplifications, simplifications and omissions, conscious or unconscious. One may think *wishful thinking* is good enough for 如意算盘, but the English phrase is far less graphic. *Love me, love my dog* is roughly 爱屋及乌, but the texture is obviously different. And how do you represent 人走茶凉? Can the sense of loneliness and despondency haunting an ex-apparatchik be fully conveyed by the factual statement *when the guests is off the tea gets cold*?

Fifth, it has dawned upon many critics that a translator is a human being, not a computer. Both process words, but in ways quite different. Moreover, among translators, each goes his own way, and even the same man adopts different styles at different times. As noted by Qian Zhongshu, Lin Shu, who has often been denounced for his unfaithful translation, is at times quite literal[24].

We may agree with Gladys Young that a translator can hardly be undivided in his loyalty. He may be willing to stick to the original, but at the same time he has to keep an eye on the readers. If he is mainly concerned with the text — as was Xuan Zang — he is inclined to be literal and inflexible; if he wishes to be well-understood, he will take some liberties like Kumarajiva's. Among contemporary translators, David Hawkes retained all expressions in *Hong Lou Meng* (红楼梦), puns included, while S. Shapiro snipped off the poems in *Outlaws of the Marsh* (水浒传) because "they are little better than doggerel and ruining the suspense by revealing what is about to follow"㉕. The literary historian may appreciate Hawkes, but to the common reader, manicures do not lead to hemorrhages.

In order to see how modern linguistics contributed to the making of a better translation, one may take a look at Roger Coleman's report on the revision of the *New English Bible* (1970)㉖. In the *Revised English Bible* (1989), the following changes have been made. The obsolete second person singular pronoun is gone (*thou* into *you*); Briticisms have been removed (*ass* is offensive to Americans, so replaced with *donkey*); male-dominated expressions are rephrased (*The wicked* instead of *wicked men*); technical terms are altered (*purification-offering* instead of *sin-offering*).

At 2: Corinthians 8: 10 in *The New English Bible*, Paul said, "Here is my considered opinion on the matter. What I ask you to do is in your interests." In the *Revised English Bible*, the wording is, "Here is my advice, and I have your interests at heart." Even to the Chinese ear, the new locution appears to be more informal, more friendly and so more persuasive.

But you never can tell. To native speakers brought up on the *Authorized Version* of 1611, the new version might sound disappointingly undignified.

注　释

① Eugene Nida, *The Theory and Practice of Translation*, 1974, p. 103.
② 胡适:"佛教的翻译文学",见罗新璋编《翻译论集》(1984)第 67—78 页。
③ 梁启超:"翻译文学与佛典",见罗新璋编《翻译论集》第 62 页。
④ 朱自清:"译名",见中国翻译工作者协会《翻译通讯》编辑部编《翻译研究论文集(1894—1948)》(1984),第 41—42 页。
⑤ 严复:"天演论·译例言",见罗新璋编《翻译论集》第 136—138 页。
⑥ "鲁迅和瞿秋白关于翻译的通信",见罗新璋编《翻译论集》第 265—288 页。
⑦ 赵元任:"论翻译中信达雅的信的幅度",见罗新璋编《翻译论集》第 726—741 页;林语堂:"论翻译",见《翻译通讯》编辑部编《翻译研究论文集(1894—1948)》第 259—272 页。
⑧ 茅盾:"《简·爱》的两个译本",见罗新璋编《翻译论集》第 354—365 页。
⑨ 钱钟书:"林纾的翻译",见罗新璋编《翻译论集》第 696—725 页。
⑩ 傅雷:"致林以亮论翻译书",见罗新璋编《翻译论集》第 545—549 页;傅雷:"翻译经验点滴",见同书第 625—629 页;傅雷:"论文学翻译书",见同书第 694—695 页。
⑪ 道安:"比丘大戒序",见罗新璋编《翻译论集》第 27 页。
⑫ "鸠摩罗什为僧睿论西方辞体",见罗新璋编《翻译论集》第 23 页。
⑬ W. Wilss, *The Science of Translation*, 1982, Ch. Ⅶ; Qiu Maoru (邱懋如), Equivalence vs Translation Equivalence as Translation Theory and Its Application to English-Chinese Translation, in《外国语》89/4 - 6.
⑭ Wolfram Wilss, *The Science of Translation*: *Problems and Methods*, 1982.
⑮ 曹靖华:"关于文学翻译的若干意见",见罗新璋编《翻译论集》第 897—899 页。
⑯ Paul St. -Pierre, Criteria for Translation, in Deanna Lindberg Hammond (ed.), *Languages at Crossroads*: *Proceedings of the 29th Annual Conference of the American Translators Association*, pp. 305 - 306.
⑰ E. A. Nida, Theories of Translation, in《外国语》89/6, pp. 2 - 8.
⑱ 郭沫若:"关于翻译标准问题",见罗新璋编《翻译论集》第 500 页。
⑲ 茅盾:"为发展文学翻译事业和提高翻译质量而奋斗",见罗新璋编《翻译论集》第 501—517 页。
⑳ Qiu Maoru, op. cit.
㉑ Peter Newmark. The Theory and the Craftsman, In V. Kinsella (ed.),

Language Teaching and Linguistics: Surveys (1978), pp. 79 – 100.
㉒ W. Wilss, *The Science of Translation*, p. 134.
㉓ 金岳霖:"论翻译",罗新璋编《翻译论集》第 463—470 页。
㉔ 钱钟书:"林纾的翻译",见⑨。
㉕ S. Shapiro, Preface to *Outlaws of the Marsh*, 1981.
㉖ Roger Coleman, A Contemporary Bible, in *English Today*, Vol. 5, No. 4 Oct. 1989, pp. 3 – 8.

(原载北京外国语学院《外语教学与研究》1991 年第 4 期)

艰难的选择：双声还是头韵？
——敬答缨铠先生

两种意见，一样欢迎

《英汉应用语言学词典》出版后，幸蒙各位朋友不吝赐教。单是 alliteration 这一条，就有三个人来信：暨南大学王越教授，北京师范大学某教授，还有深圳大学缨铠先生。这其中，王越先生的意见与其他两位是相反的，可是不管是什么样的意见，都是好意的帮助，我都热烈欢迎。

我们的《词典》是这样说的：

alliteration 双声

由两个（按：排漏了"或两个"三字）以上的单词组成的词组，如词首辅音或辅音丛（consonant cluster）重复，就称为双声。在英语中，如词组 safe and sound、句子 What a tale of terror now their turbulency tells！在汉语中，如"琵琶"、"蜘蛛"都是双声。（12 页）

alliteration 这个词，有些英汉词典译为"头韵"，可是我们译为"双声"。王越先生是一位诗人，他赞成我们的做法。在来信中，他除谈其他问题外，并赋俚句一首，以表贺忱：

"又陵心力映孤灯，旬月踌躇立一名。

译事只今新境辟，删除'头韵'记'双声'"

缨铠先生和北师大某教授文史知识丰富，他们主张抛弃"双声"，仍用"头韵"。为了说明理由，缨铠先生还发表了专文，题为"Alliteration 与'双声'异同探讨"。在论文的内容提要里，他说："本文第一部分通过对比研究得出结论：alliteration 在历史上及当代语言实践中所起作用远远大于'双声'，第二部分同样通过对比研究论证了：alliteration 所涵盖的定义内容只有极小的一部分才与'双声'重合。笔者由此认为 alliteration 译作'双声'是欠妥的。"他最后说："我们建议，alliteration 仍译作'头韵'。原因则如前人所说，'约定俗成谓之宜'。"①

我的基本看法

我们所讨论的，表面上是 alliteration 一个词的译名，其实牵涉小型英汉词典该怎么编，对英语词义该如何选择，挑拣译名是否应以历史对比为主要标准等等问题。由于三位先生的启发，我查了一些书，现在提出浅见，请他们和其他朋友考虑。

（1）编词典，要考虑三点：题材的范围、使用者的要求和词典本身的规模。我们的《词典》是一部 32 开本 500 来页的小型词典，它的用户是"懂得一点英语和语言学，但是所知不多"的人②。为了适应用户的需要，在词汇方面我们应该挑选常见常用的项目，而排除太旧、太偏和太新的。

（2）英语单词往往有几个意义。其中有的常用，有的不常用。要是能用一个译名包罗各种意义，最好，如果不能，应该先把常用意义译出，其他意义可酌量去取。

（3）选定了原词的义项，还要挑拣汉语译名。这里要：（a）力求接近原词的常用意义，（b）力求使一般人一看就懂。

根据上面这三条原则，对于 alliteration 这个词，我的看法如下：

（1）alliteration 有三个不同的意义，在《词典》中应该首先注意常用的那个。按照那个意义，可取的译名是"双声"，不是"头韵"。

（2）alliteration 的第二个意义（非常用意义）是：在一个词组中有几个词，词首元音字母都相同（不是元音音值相同）。按照这个意义，不能译为"双声"，也不能译为"头韵"。

（3）alliteration 的第三个意义（也是非常用意义）指古代英诗特有的格律。按照这个意义，译为"双声"不全面，译为"头韵"也欠妥。

缨铠先生的文章和北师大某教授的来信繁征博引，下了不少工夫，值得感谢；关于背景材料，我们的看法跟他们的没有很大的分歧。不同之处在于：他们着眼历史考证，我们着眼当代用法；他们要详尽无遗,我们要重点突出;他们采取百科全书编者的观点[但是 *The Random House Encyclopedia*(1984)的编者的释义跟我们是相同的],我们采取的是小型英汉词典编者的观点。我们气魄不大,可是在一般用户看来,也许有量体裁衣的好处。

再说,缨铠先生认为"头韵"这个译名已经"约定俗成",许多人未必同意,王越先生大概是其中之一。

alliteration 的常用意义是什么?

我们的《词典》说,在词组中,如果词首辅音或辅音丛有重复现象,那就是 alliteration。这个释文是否符合今天的常用意义呢? 在收到三位先生的来信以后,我查了十二种词典(其中十种是70—80年代出版的),可以分为三类:

第一类是四种一般性中型词典,那是为大学生、中学生编写的,都有很高的学术地位。现将各书释文分录于下:

a. alliteration — repetition of the first sound or letter of a succession of words, eg **safe and sound, apt alliteration's artful aid.** (*Oxford Advanced Learner's Dictionary of Current English*, 1974)

b. alliteration — commencement of adjacent or closely connected words with same letter or sound (**cool, calm and collected, sing a song of sixpence**). (*The Concise Oxford Dictionary*, New Edition, 1982)

c. alliteration — the recurrence of the same initial sound (not necessarily letter) in words in close succession as **Sing a Song of Sixpence**: head — rhyme — the characteristic structure of O. E. [Old English] and other Gmc [Germanic] languages, each line having three accented syllables (two in the first half) with the same initial consonant, or with different initial vowels. (*Chambers Twentieth Century Dictionary*, New Edition, 1972)

d. alliteration — the repetition of usu. initial consonant sounds in two or more neighboring words or syllables (as **wild and woolly, threatening throngs**). (*Webster's Ninth New Collegiate Dictionary*, 1981)

从上引各条可以看出,alliteration 有三个不同的意义:(1) 常指词首辅音相同的现象,如 d 条;(2) 兼指词首辅音相同和词首元音字母相同的现象,如 a,b,c 三条;(3) 指古代英诗格律,规定每行重音的数目,并要求词首有相同的辅音或不同的元音,如 c 条。

同时可以看出,各条所举实例,多数是第(1)种的,即词首辅音相同。我们不妨说,一提起 alliteration,这些词典的编者就想起词首辅音相同的现象。不论是否明白说出,在他们的心目中,这是 alliteration 的常用意义。

还有一点值得注意: head-rhyme 这个术语,只有 *Chambers* 用,其他三种词典都不用。

第二类是四种大型词典,这些是当代最有权威的英语词典,无须多说。各书中的释文是这样的:

e. alliteration — the use of the same consonant (consonantal alliteration) or of a vowel, not necessarily the same vowel (vocalic alliteration) at the beginning of each stressed syllable in a line of verse, as in **around the rock the ragged rascal ran**. (*Collins Dictionary of the English Language*, 1986)

f. alliteration — the repetition of usu. initial consonant sounds in two or more neighbouring words or syllables (eg **wild and woolly, threatening throngs of threshers**). (*Longman Dictionary of the English Language*, 1984)

g. alliteration — the repetition of the same first sound or the same first letter in a group of words or line of poetry. Example:"**The sun sank slowly**" contains alliteration of s. (*The World Book Dictionary*, 1981)

h. alliteration — the repetition usu. initially of a sound that is usu. a consonant in two or more neighboring words or syllables (as **wild and woolly, threatening throngs**). (*Webster's Third International Dictionary*, 1961)

这里有三点值得注意：

(1) 与 *Chambers Twentieth Century Dictionary*（1972）相反,各书都不用 head-rhyme 这个术语。

(2) 1961 年版的 *Webster's New International Dictionary* 和 1984 年版的 *Longman Dictionary of the English Language* 都指出, alliteration 通常指词首辅音相同。

(3) 各书所举例子,无一不是词首辅音相同的。

第三类词典是一些专业性词典。这些是个人著作,声誉地位都不如上引两类,但是也可供参考。各书是这样说的。

i. alliteration — the repetition of a consonantal sound, usually at the beginning of words, although middle and final alliteration are common. (Brian Seaton, *A Handbook of English Language Teaching Terms and Practice*, 1982)

j. alliteration is the repetition of speech sounds in a sequence of nearby words; the term is usually applied only to consonants, and especially when the recurrent sound occurs in a conspicuous position at the beginning of a word or of a stressed syllable within a word. (M. H. Abrams, *A Glossary of Literary Terms*, Fourth Edition, 1981)

k. alliteration — A figure of speech in which consonants, especially at the beginning of words, or stressed syllables, are repeated. (J. A. Cuddon, *A Dictionary of Literary Terms*, 1977)

l. Alliteration developed as an aid to memory and is based on the repetition of consonant sounds in closely associated words or syllables. In the following couplet from Tennyson's

Lotus Eaters, for example, we have an interlacing pattern of **r, f, l and t. Ripens and fades and falls and hath no toil Fast rooted in the fruitful soil.** A number of scholars have claimed that vowels can also alliterate but we shall use the term **assonance** in our description of vowel patterning, leaving **alliteration** for consonants. (Loretto Todd and Ian Hancock, *International English Usage*, 1986)

Seaton 的定义最狭,只提词首辅音相同而不提词首元音字母相同。Abrams 说 alliteration 通常指词首辅音相同。Todd 和 Hancock 承认,有人把词首元音字母相同也归入 alliteration 这一类,但是他们不赞成。

细读上面所引的十二条释文,我们的《词典》说 alliteration 指词组中有词首辅音相同现象,即 safe and sound 之类,似乎可以认为是抓住常用意义了。

历史对比能成为挑选译名的标准吗?

缨铠先生和北师大某教授力主用"头韵"而不用"双声",主要原因是在历史对比中"双声"与 alliteration 不相等,次要原因是在现代语言实践中两者也不相等。他们的话不是没有根据的。

但是挑选译名的标准究竟应该是什么?是历史渊源还是当代习惯?是寸步不让还是将就材料?是一味创新还是便民随俗?

把 alliteration 译为"头韵",首先过不了常用意义这一关。The repetition of usually initial consonant sounds 说的是声母(辅音)相同,不是韵母(元音)相同;safe and sound 重复的是声母[s],不是韵母[ei],[au]。明明是声,偏要叫做"韵",这个译名人家读起来不懂,听起来更不懂。

那么"双声"这个译名就能使人满意了吗?不,缨铠先生和北师大某教授不满意,我们也不满意。

只要细心对比一下,谁都知道 alliteration 的常用意义与"双声"还有一段距离。

首先,词义覆盖面不同。中国音韵学上所谓"双声",是单个声母的重复,如"流连"重复[l],"弥漫"重复[m]。因为现代汉语没有辅音丛,所以按其本来面目说来,"双声"并不包括辅音丛的重复(如 threatening throngs 重复[θr])。

其次,音响效果不同。汉语双声多半是一些"联绵字",例如"仿佛"、"渺茫"、"踊跃"、"参差",可以说是相当于英语中的 ding-dong, singsong, tip-top, seesaw, zigzag, riffraff, chitchat 之类。在汉语诗句中,如果用的不是联绵字,虽然词首辅音相同,比方:

丛篁低地碧,高柳半天青。
绿柳连村暗,黄花入麦稀。③

双声的效果也不十分明显。**Sing a Song of Sixpence** 因为[S]都落在重读音节上,alliteration 容易觉察;"留下良乡的栗子"([l]重复)、"搬开白色的板子"(b 即[p]重复),因为轻重音对照不强烈,虽有双声人家也不大注意。甚至"雨中有泪亦凄怆,月下无人更清淑。"④虽然 y 即[j]四次出现,要是不留神听,也只感到有平仄,不大感到有双声。

那么,为什么我们把 Sing a Song of Sixpence 这种 alliteration 译为"双声"呢?这是无办法中的办法。要是有人想出更好的译名,我们将欣然受教。关于《词典》中的其他译名,我们也采取同样态度。

无办法中的办法,姑且如此,以待改进——这是一般译者不得不走的道路。历史对比,绝对忠实,功能等值(functional equivalence)——这是美妙的理想,可是高不可攀。

如果要求译名必须与原词在历史对比中完全重合,大概谁也编不成一部英汉词典。比如:pen 不能译为"笔",因为 pen 先是鹅毛笔,后来是钢笔,可是汉语的"笔"本来指毛笔,那是用羊毛或鼬毛做的。Book 不能译为"书",因为 book 在英国人心目中是蝴蝶装横行的,而在古代中国人心目中"书"是线装竖行的。Poem 不能译为"诗",因为自从 5 世纪起英国就有许多无韵诗,可是上至周秦,下至"五四",中国诗总是有韵的。Novel 不能译为"小说",因为中国古代的"章回小说"、"评话小说"有特定的文体,每回当中插入诗词,有说有唱,可是这些杂拌儿英国的 novel 都没有。至于 The Bible,那更不能译为"圣经",因为中国古代所谓"圣经贤传"指孔孟之道,儒家经典。基督教徒拜上帝不拜祖先,他们的 Bible 是"异端邪说",译为"圣经",士君子岂不要"鸣鼓而攻之"吗?

力求靠近原词的现代常用意义,有可能时兼顾其他意义(古代的、地区性的、社群性的特殊意义),似乎是较稳妥的做法。

alliteration 的第二个意义

上文已经说过,alliteration 的第二个意义是词首元音字母相同。因为这是个非常用意义,一般参考书所举例子不多。我看到的是:

a. **apt alliteration's artful aid**

b. Come; for **all** the vales

　　Await thee, **azure** pillars of the hearth

　　Arise to thee … (Tennyson)[5]

这里重复的是元音字母 a,不是声母,自然不能译为"双声"。可是能否译为"头韵"呢?

汉语所谓押韵,是元音音值相同,不是元音字母相同。在 a 例,虽然四个词都以 a 开头,可是在 apt 的音值是[æ],在 alliteration 的是[ə]或[æ],在 artful 的是[aː],在 aid 的是[ei]。我们能说[æ],[ə]、[aː]、[ei]互相押韵吗?如果不能,为什么译为"头韵"?

在 b 例,Tennyson 的诗句虽然用了四个以 a 开头的词,可是在 all 的音值是[ɔː],在 await 的是[ə],在 azure 的是[æ],在 arise 的是[ə]。四个 a 有三个不同的音值,并不押韵,看来也不应译为"头韵"。

alliteration 的第三个意义

除上文所说外,alliteration 还有一个一般人不常用也不清楚的意义,那就是古代英诗的特有格律。说它"特有",因为非但规定有什么音或字母在词首重现,还规定每行有多少个重读音节。古代英语现在一般英美人已不懂,而且使用的是 Runic 文字,看它好比看甲骨文那样。人们只从参考书知道,从 8 世纪的 Beowulf 起,到 14 世纪的 Pearl 止,古代英诗都以这种格律为基础。由 15 世纪起,alliteration 中衰了,可是到了 19 世纪晚期,Gerard Manley Hopkins 又旧调重弹,20 世纪也有 Ezra Pound, C. Day Lewis, W. H. Auden 等人试用这样格律写诗。

可是严格说来，alliteration 包括多少种格式呢？这是一个复杂问题。在上文所引 i 项释文中，Brian Seaton 说，middle and final alliteration are common；在 j 项释文中，M. H. Abrams 也说，the recurrent sound occurs in a conspicuous position at the beginning of a word or of a stressed syllable within a word。如果 alliteration 出现在词中或词尾而不在词头，能译为"头韵"吗？缨铠先生查阅过 *Colliers Encyclopedia*，在那里说 alliteration 是 The repetition of identical consonants in unaccented syllables or in middle or terminal positions in the syllables⑥。如果 alliteration 与 consonants（声母）有关（不是韵母），又可能处于词中或词尾（不是词头），管它叫"头韵"，难道不是驴唇不对马嘴？

关于 alliteration 的三种意义及其译名，浅见已经在上文申述了。最后，从 *The Random House Encyclopedia*（1984）引一段释文供缨铠先生参考：

  alliteration — Close repetition of consonant sounds within a line of verse or prose. Predominant in Old English poetry, then revived in the 14th century, alliteration is also found in some modern poetry：for example, from this line in W. H. Auden："By the waters of waking I wept for the weeds."

上面这种说法，是否与我们的《词典》的释文相符呢？是否可以说，它只谈到"alliteration 所涵盖的定义内容"的"极小的一部分"呢？一部有名的百科全书采用这种说法，是否有一定的理由或原因呢？大家不妨再想一想。

注　释

① 《深圳大学学报（人文社会科学版）》1989 年第 1 期第 87 页和 93 页。
② 见《英汉应用语言学词典》前言第 1 页。
③ 引自王力《汉语诗律学》（1962）。
④ 同上。
⑤ W. J. Weston, *A Manual of Good English* (1953), p.21.
⑥ 同①第 93 页。

（原载广州外国语学院《现代外语》1990 年第 2 期）

评齐沛合译《基辛格》

读译本常常叫人头疼,可是读《基辛格》我们感到很愉快。在这本书里,一般没有生硬的词语,没有别扭的句子,干净利落,流畅自然,这是不易做到的。

只要看看下面各章标题的译法,就知道译者是煞费苦心的:

The Hiring of Henry	应聘前后
Ascent of Power	跻身官场
Riding the Vietnam Roller Coaster	越南问题上的坎坷道路
The Secretary at War	国务卿披挂上阵
The Ceasefire Alert	停火声中搞战备

这些标题的特点是简单明了,有的还鲜明生动,既能传达原文的意义,又不死扣原文的字面。The hiring of Henry 原文有意利用 h 的双声,如译为"雇用亨利",就好像基辛格只当上一名普通职员,而不是负起国家安全事务助理的重任。The Ceasefire Alert 的妙处在于矛盾中有统一,如译为"停火警戒",就难以索解。翻译是画画,不是照相;是念台词,不是背书。这一点,译者是深有体会的。

为了欣赏译者的笔调,我们不妨对照一下下面这段原文和译文,那是讲 1971 年 7 月尼克松宣布基辛格秘密访问中国以后,人们对他是怎么评价的:

> For Kissinger, who spent a great deal of time over the next weeks and months *smoothing the ruffled feathers* of both allies and adversaries, the President's announcement had a

very special meaning. *He had already become something of a celebrity, even before China*, but now he was *catapulted into national nad international stardom.* On July 17 the *New York Times dubbed* Kissinger "the inscrutable Occidental." He manages "the development of presidential diplomacy," it wrote, " while *creating the illusion* that he is a fulltime permanent floating cocktail party guest of honor. That takes dazzling intellect, *fancy footwork, beguiling aplomb* and, it sometimes seems, *mirrors.* (p.252)"

对基辛格来说,虽然在后来几个星期和几个月里花了不少时间去平息盟友和对手的怨气,但总统的公告更具有其特殊的意义。早在访华之前,他已有一点名气,如今更一跃而为全国和全世界的明星了。7月17日,《纽约时报》给基辛格起了个"莫测高深的西方人"的雅号,说他"明里装得好像成天只知出席酒会的贵宾,暗地里却在开展总统外交。这要求具有非凡的才智和惊人的腿功,要会装蒜,有时似乎还得耍点魔术呢。"(第387—388页。原文中的斜体和译文中的着重号是笔者加的,以便比较,下同。)

smoothing the ruffled feathers 在原文中是暗喻,译文改为明说。before China 是 before his visit to China 的紧缩说法,译文加以扩展。catapulted 在汉语没有相同的类比,"一跃而为明星"正好表现出基辛格突然成为大名人。dubbed 是人家给基辛格以绰号,"雅号"译得恰好。creating the illusion 自然要用表里不一的手法,fancy footwork 有滑稽意味,beguiling aplomb 是故作镇定,mirrors 是变戏法。以上这些词语,译者或者适当地把句法结构改变,或者换上常用的口语,面目不同,精神却保存下来了。

就全书看,译本有这些长处:

(1) 潜心玩索原文的含义,用浅显的汉语把它表达出来。例如:

a. Though the war in Laos was then just *sputtering along*, the one in Cambodia was *raging*. (p.431)

当时虽然老挝只有零星战斗,而柬埔寨的战争却十分激烈。

（第657页）

b. *In the best of all Vietnamese worlds*, nothing could be ensured for more than three or four years. (p.422)

越南这种局面能维持三四年也就了不起了。(第645页)

c. He encouraged the reemergence of Arab pride, but *within the context of* realism and responsibility. (p.501)

他赞成恢复阿拉伯人的尊严，但要考虑到现实和责任。(第764页)

d. Kissinger, during his news conference, followed a clear two-track policy：*soft-talking* the Russians out of a confrontation, after having alerted American military forces to get ready for one, That was *classic Kissinger*. (p.496)

基辛格在招待会上采取了一套明显的两手政策：在下令美军实行戒备为对抗作出准备之后，他又用软的一手来说服俄国人不要进行对抗。这是典型的基辛格做法。(第757页)

e. Representative Gerald R. Ford, the President's choice to succeed Spiro Agnew as Vice-President, had been briefed about the airlift of military equipment to Israel before the prayer breakfast at the White House on Sunday, October 14. *Striking a new image as a global strategist to go along with his new position* as the man *one heartbeat*, or one impeachment vote, *away from the presidency*, Ford reflected on the Kissinger approach to the Middle East crisis in his remarks to reporters：(p.479)

10月14日，星期日，被总统挑选来继任斯皮罗·阿格纽副总统职位的众议员杰拉尔德·福特，早餐前在白宫听到了向以色列空运军事装备的消息。福特现在离总统的宝座只有一步之隔，总统一死或一被弹劾，他就要成为总统了。为了同这种新地位相称，他在对记者发表的谈话中，便俨然摆出一副全球战略家的姿态，评论起了基辛格对中东危机的处理办法：(第731页)

"零星战斗"不如 sputtering along 形象化，可是意义基本相同。

In the best of all Vietnamese worlds 等于 In the best of all Vietnamese possibilities。within the context of 说明有哪些关系和限制,正是"要考虑到"的意思。classic Kissinger 指 Kissinger's characteristic style,这是所谓"代替格"(metonymy)。one heartbeat 暗指尼克松当副总统时,艾森豪威尔有心脏病,随时有死亡的危险;one impeachment vote 自然是指尼克松总统因水门事件有被国会弹劾的可能。关于这些,译者融会原意,译成明畅显豁的文句,值得称赏。

(2) 译者词汇量大,文言和白话成语都很熟,能用中国人喜见乐闻的话表达原作的意思。例如:

a. "Everybody was quite amazed that a man connected with these political people would be so frank about the man who had just been elected," said Ellsberg. "*Put it down to his relationship with Rockefeller.*"(p.21)

埃尔斯伯格说:"这个同一些政界人物有来往的人,对刚当选的总统竟敢如此直言不讳,实在令人惊讶。根子在于他同洛克菲勒的关系"。(第30页)

b. He was able to *outsmart* the political analysts by suddenly unveiling a major adviser who was *not a Nixon regular*, and, for the first time in his political career, he was able to *attract a widely respected intellectual to his service.* (p.29)

他能出奇制胜,突然任命一个与尼克松素无瓜葛的人出任重要顾问,这一招是政治分析家所意料不到的。他能把一个佼佼盛名的知识分子罗致到自己手下,这在他的政治生涯中还是第一遭。(第42页)

c. So did the host, who *thrived in his self-appointed role of devil's advocate*, challenging the premises of his guests *with a gusto* that sometimes went beyond the call of professorial duty. (p.59)

主持人也喜欢这种做法,他一个劲儿亲自扮演唱反调的角色,同

他的客人论战,有时讲得得意忘形,越出了教授的本分。(第89页)

  d. But a spirit prevailed then which was quintessentially American: that problems are a *challenge, not an alibi*; that men are measured not only by their success but also by their striving; that it is better to *aim grandly* than to wallow in mediocre comfort. (p.64)

  然而,那时的风气还是符合地地道道的美国精神的:有问题,只能上,不能躲;衡量一个人不但看他的成败,也看他的努力程度;宁愿好大喜功,不甘庸闲遣日。(第97页)

  e. But since he was aware that *the official version of reality* was usually *sey-serving*, he *slipped out of the VIP rut* and began soliciting the views of the *non-establishmentarians*. (p.67)

  但他也知道官方讲的那一套总是报喜不报忧的,所以他便跳出了"要人"的圈子,开始向不当权的人们征求意见。(第101页)

  put it down to 是 attribute to,即指出根源,本书用汉语口语译英语口语,可谓铢两悉称。not a Nixon regular 指不是尼克松的忠实追随者,"素无瓜葛的人"这个译语新颖而恰当。devil's advocate 源出天主教,按天主教的规矩,在把某一死者列为圣徒之前,要指派专人审查其生平事迹并提出异议,这人的责任就是"唱反调"。a challenge, not an alibi 译为"只能上,不能躲",非但简短,而且准确。To aim grandly 可以有各种译法,但是上文谈的是基辛格因为早先说错了话,离开了肯尼迪时代由邦迪主持的机构,现在自悔当时太鲁莽,太乐观,这正是"好大喜功"。self-serving 表示报告里的话都是有利于自己的,自然是"报喜不报忧"。non-establishmentarians 是权势集团以外的人,他们是"不当权"的。以上译法都新鲜活泼,既不背离原意,又不拘泥原文。唯一美中不足之处是"庸闲遣日"这不是熟语,也不怎么词明意达。

  以上只是举例。译者思维敏捷,用笔灵活,本文限于篇幅,不能详述。"匠心独运,不落恒蹊",这个评语本书当之无愧。

  我们看到了本书的许多优点,可是它有缺点没有呢?有的。虽然是白璧微瑕,这里也不妨举一些例子。

缺点之一是,原文的语法结构,译者有时没有弄清,因而译文欠准确。例如:

  a. Keating informed Kissinger about Mrs. Meir's decision. Kissinger informed al-Zayyat and Dobrynin. Then he called Shalev one more time, apparently even then harboring some doubts about Mrs. Meir's assurances. "*We took the responsibility upon ourselves,*" he told the Israeli diplomat, "*that you miu act accordingly.*" (p. 461)

  基廷把梅厄夫人的决定通知了基辛格。基辛格通知了扎耶特和多勃雷宁。然后他又一次打电话给沙列夫,虽然甚至到那时,他还对梅厄夫人的保证有些不放心。他对这位以色列外交官说:"我们自己承担了责任,不过你们要切实照办。"(第 703 页)

这个"不过"用得没有道理。原文的意思是:"我们已经保证你们一定切实照办。"这里作者所写的是 that,不是 but。

  b. Kissinger took them on for their ability, not their politics — a fact that disturbed Haldeman, who always felt ill at ease in the presence of intellectuals, and, in addition, was *suspicious of anyone who was not totally committed to Nixon.*

  基辛格用这些人,只看他们的才能大小,不管他们的政见如何。霍尔德曼对这种情况很恼火,因为他对知识分子总是感到不舒服,而且怀疑这些人中间有人并不完全忠于尼克松。(第 123 页)

按原文结构,那意思是"怀疑任何没有表示愿完全对尼克松效忠的人"。他们在尼克松政府里做事,可是政见跟尼克松有出入,这一点他们并没有隐讳。

缺点之二是,原文个别词语的意义,译者没有摸准。例如:

  a. His output was prodigious. His style had its own carefully plotted symmetry, but it struck some readers as a triumph of *stamina over grace*. "How a man who is unable to write will write so much and how by iron discipline make it at least half readable," says an old friend, "is one of his absolutely outstanding characteristics." (p.64)

他的文章讲究匀称,别具一格。但有些读者觉得气势有余而优美不足。一个老朋友说:"他这个人文章写不好却偏要写,由于下了苦功,居然也勉强通顺,这完全得力于他超人的毅力。"(第98页)

stamina 是毅力、韧劲,不是"气势"。stamina over grace 是文笔不好,然而干劲十足,不断地写下去,译文意思未免走样。

b. An All-America tackle at Vanderbilt, *a graduate student at Oxford* in the 1920s, a driving force in the Office of War Mobilization during World War II, Elliott of Tennessee was an eminent Cold Warrior in the 1940s, a passionate advocate of a tough anti-Communist approach in international affairs, a defender of the belief that America had a special role to play in a hostile world. In the opinion of some of his colleagues, he *had never lived up to his earlier promise and was something of a pompous bore*; but few would deny that he was a power at Harvard. (p.43)

埃利奥特是田纳西州人,早年在范德比尔特是全美橄榄球队的一名健将,20 年代毕业于牛津大学,二次世界大战期间是战时动员署的重要人物,40 年代是著名的冷战武士,在国际事务方面积极主张采取强硬的反共立场,并且一贯认为美国在充满敌意的世界上应该起一种特殊的作用。有些同事认为,埃里奥特从未履行过自己的诺言,有点夜郎自大;但谁也不否认他是哈佛的一位有力人物。(第64页)

had never lived up to his earlier promise 这个子句,说的是埃利奥特早年看来很有希望,但是后来并无大成就,只不过夸夸其谈,叫人厌烦。无论在这一段还是在上文各段里,都没有说他作出过什么诺言,译者误会了。a graduate student at Oxford 是牛津大学研究生,不是牛津大学毕业生,译者也没有看出。

有时同是一样的词语,本书在一个地方译对了,在另一个地方可译错了。例如:

If Russia or America wanted to "*trade in*" an old ICBM, or an old nuclear-powered submarine, how many missile launchers, or modern missile-launching submarines, could either country get in return? (pp. 320-321)

如果俄国或美国想"替换"老式的洲际导弹或老式的核动力潜艇,那么各方能拥有多少导弹发射架或新式的导弹艇呢?(第491页)

trade in 本来指拿旧东西折价换同类的新东西,如退还旧汽车,折价多少,补上一些钱买一辆新车。这里的译法是正确的。可是:

Once the Haiphong Harbor crisis had eased, the United States and the Soviet Union resumed their intensive preparations for the summit. Kissinger's shop again took out its eleven thick briefing books, which covered everything from the trade of grain to the *trade-in of missiles*. (p. 313)

海防港口危机刚刚缓和下来,美国和苏联就立即为最高级会谈继续进行紧张的准备工作。基辛格的班子再次搬出十一大本参考资料,从粮食买卖到导弹交易,无所不包。(第479页)

这个 trade-in 显然是用旧导弹换新导弹,那是苏美限制战略武器会谈中大起争论的项目,不是什么"交易"。译者把 trade-in 与 trade 混为一谈,考虑不周。

除上面这些缺陷外,我们还想指出一点:单看译文有时意义不清楚,必得加上注解,在这方面,译者的工作是做得不错的。不过有一处疏忽:第140页出现的"厨房辩论"没有及时注出,我们要读到第478-479页才知道是怎么一回事。

我们很高兴看到《基辛格》这么一个好译本;原文有许多难译的词句,译者惨淡经营,给我们提供了不少值得学习的范例。可是我们也希望译者把文字再校订一下,百尺竿头,再进一步。

(原载上海外国语学院《外国语》1986年第4期)

连淑能《英汉对比研究》序

近几年来,国内语言学界兴起了一股热潮,叫做汉英比较研究。投身于这种研究工作的有多少人,我不知道,但是我注视着一位身居前列、奋勇争先的来自厦门的中年人——连淑能。

为什么连老师的成绩比许多人好呢?除了他聪明过人、勤奋好学之外,我估计厦门大学的师、友,尤其是几位前辈学者的指点、提携,对他是起了很大作用的。

汉英比较研究有许多条路可走,连老师的着眼点是语法和修辞。这是一条既有理论价值,又有实用意义的路。他继承了赵元任、王力、吕叔湘等先生的传统,同时又采摘了外国学者 O. Jespersen, H. W. Fowler, R. Quirk 等等的精华,加以消化熔铸。脚踏实地,取精用宏,这是他的成功诀窍。

关于本书有什么内容,可供什么人使用,作者在前言中已经作了介绍,我不必饶舌。但是书中有好些精彩之处,我忍不住要说几句。例如作者指出:

(1) 英译汉往往要破句重组:

In the doorway lay at least twelve umbrellas of all sizes and colours.

门口放着一堆雨伞,少说也有十二把,五颜六色,大小不一。(68 页)

(2) 英语用指物主语的句子,汉译往往要改用指人主语:

An idea suddenly struck me.

我突然想到了一个主意。(78页)

(3) 汉译有时要用动词代替英语原句中的抽象名词：

He had surfaced with less *visibility* in the policy decisions. (B. Barnhart)

在决策过程中,他已经不那么抛头露面了。(139页)

(4) 汉语"他能吃能睡",英语该怎么说呢？

"He can eat and sleep"? Who cannot? "He can eat well and sleep well"? eat well 可能指吃得好,肯花钱在食品上面。作者的答案是：He is a good eater and a good sleeper. (108页)可谓笔曲而达。

我还要写下去吗？读者进了大观园,还是让他自己观赏去吧。

1993年1月27日

杨自俭编《翻译新论》序

上月杨自俭先生给我下了一道命令:《翻译新论》已编成,要写一篇序文。杨先生长期从事翻译和翻译教学,编这样一本书是适当的人选。我呢,虽然是翻译界的一名老兵,可是经验和知识是有限的,在这里写下几句话只是遵命办事,希望杨先生免于处分。

我最近看了《中国翻译》和其他书刊中的一些文章,有几点感想。

第一,我发现,十年来翻译理论文章多了,讨论问题比先前广泛深入了。我还发现,介绍国外翻译理论的作品也多了。这都是好事。遗憾的是,有些人虽然译事卓有成就,然而"不把金针度与人",不写论翻译的文章。

第二,近十年来,由于改革开放,中国与外国的交往接触多了,政治、经济、科技、文化、外贸、旅游各方面的译品大量增加了。这也是好事。但是由于人才不足,虽然有的译本大有可观,有的译本可只能说是泥沙俱下。幸而这个问题已经有人注意,例如关于中译外工作,段连城、沈苏儒等几位先生就给大家敲起了警钟[①]。这种评审工作,希望以后还有人做下去。

关于翻译标准,目前还没有完全一致的意见,但是基本可行的办法是有的。庄绎传先生到英美两国作了一番访问调查,他发现那里的译者所追求的是两个字:accurate and readable[②]。王弄笙先生也说,"既要反对离开原文意思片面追求译文流畅的自由主义倾向,又要反对拘泥于原文字句、'对号入座'、片面强调所谓'忠实'的机械主义倾向。"[③]这些看法,大多数人都会赞同吧?

翻译工作可与什么相比呢?我看可比做一座三层楼。第一层是语言知识,第二层是背景知识,第三层才是翻译理论知识。第三层能起作用,全靠底下有第一、第二层支撑着。翻译一篇文章,如果弄不清词句含义,或者不明白具体内容,那就无论读了多少翻译理论文章都无济于事。除此之外,我还要指出,这座三层楼的地基是责任心(也可叫做职业道德或译者自尊心)。地基不稳固,楼房就会塌下来。

限于时间和个人偏见,在阅读翻译理论文章时我只对这样的作品有兴趣:(1)作者是认真搞过翻译或者认真读过译本的;(2)能考虑各派学说,不是"罢黜百家,独尊儒术"的;(3)能自己找到材料与理论相印证,不是简单引用或者转述名家论断的。

翻译理论值得重视吗?我以为这是个不成问题的问题。不过,翻译理论有各家各派,我还没有发现"从一而终"是可行的。在我的眼里,各派理论家仿佛是喜马拉雅山的若干个登山队员。他们各有其动机(引起美感、传达信息、宣传政策、传播学术、推销商品等等),各有其目的地(文学作品、科学文献、政治文件、法律文件、商业广告等等),各自遇到不同的困难(语言系统不同、专业词汇不同、修辞手法不同、文化传统不同等等),各自使用不同的手段(直译、意译、省词、增词、润色、插话、加注等等)。事实上,一切都视目标、任务、条件、约稿者的要求(请想想过去英文《北京周报》的要求)和译者本人的个性、表达能力和胆量为转移。所以,我认为,许多中外理论家的崇论宏议都只是他自己登山时使用的路线图,并不是什么一成不变、人人必须遵守的法规。

1992年美国大选,共和党竞选失败了。为什么失败呢?许多评论家认为这是因为共和党大言欺人,撒谎太多。例如布什总统当初就职时说过一句有名的诺言:"Read my lips. No tax increase."可是后来竟加了税。又如1991、1992年美国经济明明衰退了,可是布什多次坚决否认,并不马上想办法补救。关于这,美国《新闻周刊》登载了这样的一封读者来信:

> The cause of the Republican Party's defeat in the election is perhaps best summed up by Scottish writer John Arbuthnot, who said, "All political parties die at last of

swallowing their own lies."④

Arbuthnot 这句话该怎么翻译呢？我没有把握,只好请八位朋友试试。他们的译文是:
 a. 一切政党最后都因吞下了自己的谎言而死。
 b. 所有政党最后不免死亡,都是由于谎话梗塞了喉咙。
 c. 一切政党最后混不下去,原因不外乎食言太多。
 d. 虚言假语堵住了嗓子,这是所有政党最后失败的根由。
 e. 一切政党都因为说话不算数,终于垮台。
 f. 所有政党全是这样:大话说尽之日,即生命告终之时。
 g. 一切政党的结局都是,骗术拆穿,政权丧失。
 h. 一切政党到头来都是,空头支票吃不开,呜呼哀哉。

请大家想想:(1) 上面各种译法,哪些可以接受,哪些不可以? (2) 在可以接受的译法当中,哪些较好,哪些较差?

也许你说,这里虽有八种译法,可是我觉得全都要不得,怎么办？我的回答是:要是这样,我就要向你道贺,因为有个准确、贴切、生动传神的译法正在你的脑子里冒出来。同时我有个建议:为了促进学术发展,你这个独得之秘千万不要锁在保险箱里,谁也不让看。

注　释

① 段连城:"呼吁:请译界同仁都来关心对外宣传",载《中国翻译》1990 年第 5 期;沈苏儒:"关于中译英对外译品的质量问题",载《中国翻译》1991 年第 1 期。
② 庄绎传:"外国译者追求什么样的译文",载《中国翻译》1992 年第 4 期。
③ 王弄笙:"外事汉英翻译中的几点体会",载《中国翻译》1991 年第 3 期。
④ *Newsweek*, November 30, 1992, P. SH1.

1993 年 1 月 19 日

辞书研究

郭杰克《当代英语搭配词典》序

郭杰克教授主编的《当代英语搭配词典》脱了稿,他要我看一些样本,并写一篇序文。编词典,我有一些经验,但所知甚少,可以说只是一名老学徒。现在就凭这老学徒的资格说几句话吧。

我想谈谈下面几个问题:(1)什么是英语搭配?为什么要编英语搭配词典?(2)中国人编英语搭配词典,那是一种什么样的工作?(3)《当代英语搭配词典》(下文简称《当典》)的稿本给我一些什么印象?

一

"搭配"是英语 collocation 的译名,这个词的意义有广狭之分。狭义的 collocation 专指词汇搭配,比方"施手术"只说 to perform an operation,不能说"to make an operation";"浓茶"只说 strong tea,不能说"powerful tea"。广义的 collocation 除词汇搭配外兼指语法搭配,好比"给病人施手术"要说 to operate on the patient,不能说"to operate at the patient";"精于化学"要说 strong in chemistry,不能说"strong at chemistry"。目前的情况是,collocations 的狭义用法在语言学专书里还常见,但是一般书刊已经把这个词用于广义了。例如 Thomas M. Poikeday 就在美国杂志 American Speech 1989 年冬季号 357 页说,有两种 collocations:一是 lexical collocations,一是 grammatical collocations。《当典》中所谓 collocations 是广义的,包括词汇、语法两方面,日本 Kenkyusha's New Dictionary of English Collocations (1958),我国王文昌主编的《英语搭配大词典》(江苏教育出版社,1988)也是

如此。

英语的语法搭配方式,过去常叫"句型",这是四十多年前由英国 A. S. Hornby 等人提出的,在 An Advanced Learner's Dictionary(1948)中开始讲述的。词汇搭配呢? 1957 年也已由英国 J. R. Firth 首先提出,但是闻风而起,热心研究者并不多。近年来词汇搭配研究大有进展(主要在英国,美国人动手晚些),这是由于学者们注意到外国的英语学习者的实际需要,也由于有了计算机,有了语料库,要找搭配的具体例子已经不费吹灰之力了。

我们中国人,凡是张过嘴说英语,动过笔写英语的,都知道很难做到明白和准确。比方"我们选他当主席"这句话,看似简单,用英语来说可就不简单。要是你用 elect 呢,你可以说(a)We elected him to be chairman,也可以说(b)We elected him chairman;可是如果你用 choose 呢,那只能说(a)We chose him to be chairman,或者 We chose him for(或 as)our chairman,至于仿(b)式的"We chose him our chairman",最好不说。是什么东西在这里起决定作用呢? 就是英语的习惯搭配方式。这好比在汉语里,我们可以说"尝到甜头","吃尽苦头";可不能说"尝到苦头","吃尽甜头"。

就个人来说,在写英语文章时,我至少要有三本搭配词典在手里随时查阅,不然就好比置身地雷阵里,生怕什么地方会爆炸起来。也许这是老人胆子小吧,不过我觉得,愚昧加上自信并不是可取的办法。你同意吗?

二

中国人编英语搭配词典,这工作易做吗? 依我看,不易做。其所以难做,有三个主要原因。

(1)资料太多。如果你翻开王文昌《英语搭配大词典》(1988)看看它的主要参考书目,那就知道当时光是英美出版的辞书就已有十三种之多。现在过了几年,资料当然又大量增加了。你编英语搭配词典,无疑要从这些书选用材料,可是你知道该如何挑拣吗?

举个例子来说,adjective + hair 这样一个搭配方式,你应该选录什么材料呢? 你当然知道,blonde hair(金色的头发)是该收的,因为

blonde 这个词用途有限,"金色的杯子"不能叫做"a blonde cup","金色的牌子"不能叫做"a blonde plate"。可是打开 J. I. Rodale 的 *The Word Finder*(1976)一看,同类的结构有 200 个以上。收了 blonde hair,你收不收 amber hair,ashcolored hair,auburn hair,blue-black hair 呢?要是收了这些,你收不收 brick-colored hair,bronzed hair,chestnut hair,coal-black hair,coppery hair,corn-colored hair,dark hair,discolored hair,dusky hair,dyed hair,ebon hair,fiery hair 呢?这样下去,岂不是 the sky's the limit?

说到最后,你只能向两方面求救:一是有学问的(不是一般的)英美籍教师,一是你自己的学力和眼力。

(2)英语搭配,有的意义微妙,好像磷火那样难以捕捉。比方 show 这个词是常见的,许多词典都有释义,并且举了用例。*Oxford Advanced Learner's Dictionary*(1989)说,show 是 anything that is happening; organization, business or undertaking,例如"She ran the whole show."*Collins Cobuild English Language Dictionary*(1987)说,show 是 something that is being organized or is happening,例如"the way the Foreign Office ran the show"。看见这些说明和具体例子,你以为学生已经懂得 to run the show 这个搭配该怎么用了吧?可是有一个学生看见隔壁何小姐在门前种了三棵树,他便说,Miss He ran the whole show.你认为对还是不对呢?我认为不对,因为如果那么说,就好像何小姐做了一件费力的、大胆的、本领非凡的事情。可是英美词典都没这么说,你好不好加上一条这样的注解呢?

(3)有的英语搭配,意思大家都清楚,可是怎么翻译又是一大难题。按理说,译语应该(a)准确,(b)明白,(c)简洁;可是这一点国内出版的词典没有几本能完全做到。下面是一些英语搭配的不同译法(不指出来源,以免人家误会,说这是针对哪一方):

a. table linen 的译法:(a)亚麻布桌布;(b)餐桌用布(指台布、餐巾等);(c)台布和餐巾。

按:(a)不全面,因为漏了餐巾一项;(b)不准确,因为餐巾不是布;(c)是对的。

b. table talk 的译法:(a)席间闲谈,餐桌漫谈;(b)(有名望的人物之间的)餐桌上谈话,席间交谈。

按:(a)的译法与一般英美词典的释义一致,可以接受;(b)的说法也有根据,但是不明白,不准确。查它的来源,是 The World Book Dictionary (1981)。可是那本书是怎么说的呢? 它说,table talk 有两个意义:(ⅰ) conversation at meals,(ⅱ) the social conversation of famous men or intellectual circles, as reproduced in literary form. 依我看,二者是不能合二为一的,因为后者是 social conversation,不一定是 conversation at meals,而且这些名人学者的闲谈还要编成专集出版,与一般饭桌闲话大不相同。

c. table manners 的译法:(a)用餐的礼貌规矩;(b)吃饭的规矩;进餐的礼节。

按:显而易见,(a)虽则正确,可不如(b)简洁。

英语的常见搭配是干净利落,意思清楚的。我们的译语如果含混啰唆,对读者能说尽了责任吗?

三

现在该谈谈我对《当典》的看法了。我觉得高兴的是,对于编英语搭配词典这件工作的艰巨性,编者跟我一样地有清楚的认识,但是他们具有优势,在许多方面比我强。我认为他们除能保证这本词典内容丰富、材料新鲜外,还能做到合乎中国的英语学习者的需要。

首先,郭杰克教授本身学识优长,是个好领导者。他有一批富有经验的老教师和经过严格训练的中青年人在手下工作,这也是难得的条件。

其次,郭教授一向参加我国公共英语统考委员会的工作,他和他的同事们多年来分析学生试卷,同时又注意外国的语言测试的理论和误差分析(error analysis)的结果,知道中国学生往往要表示什么意思,应采用什么词汇和搭配方式,因而在选择材料、安排词目、解释词义方面都能针对使用者的需要和愿望。他们不是信手拈来,而是有的放矢。

本书有好些特点、优点,这里试举几个例子:

(1)在词条内部格式方面,本书有自出心裁的做法。过去有些

英语搭配词典的词条内容是按语法排次序的,其格式是 verb + preposition + object,如下:

a. This is a poem translated into Japanese. b. This is another dream of man translated into reality.

这个格式欠完善,因为虽然两个例子都用 translated into,但 a 例的意思是"译成日本语",b 例的意思是"变为现实",彼此相距太远,读者难以马上领悟。

《当典》编者想出了一个新格式,那是按词义排列:"本词、词性、释义、搭配关系"。这样先给定义,再依次列出搭配方式若干条,既易懂,又易查,比旧法合理多了。

(2) 对于中国学生,动词句型是一个大难关。《当典》把动词类型分得很清楚,并且列表与句型对照,便于查考和模仿。

(3) 对于语域(register),《当典》予以应有的注意。例如:My leg has been acting up all week.(我的腿整个星期都不舒服。)书中注明是"非正式说法"。

(4)《当典》的译文干脆利落,既意义分明,又朗朗上口。例如:His face gave no show of fear. 他毫无惧色。John wasn't really angry; he was putting on an act. 约翰没有真的生气;他是在装腔。He acted like a child. 他的行为稚气十足。They were thoroughly acquainted. 他们相知有素。

编成一本《当典》,这需要非凡的学力、眼力和毅力。在这里,我以编词典的老学徒的资格,向郭教授和他的同事们道贺,相信他们的产品一定会受到英语学习者的欢迎。

1996 年 3 月 14 日

秦秀白《现代英语习语大词典》序

几十年来,我在阅读英语原著时碰到了不少绊脚石。我以为 the name of the game 是"游戏的名称",可是它的真正意义是"主要意思,确切意义"。我以为 all in the day's work 是"都在一天的工作中",可是它说的是某些事虽然不大如意或有点离奇,"还是经常发生或可以意料的"。我以为 the order of the day 是"当天的秩序",但是竟然看到这样的句子:Violence is the order of the day, in spite of the freedom and affluence enjoyed by the masses of the people. (*Longman Dictionary of English Idioms*, 1979)。在字面上,violence 与 disorder 相近,而与 order 相反。如果不知道 the order of the day 是"现时流行的风气",必以为此句不通。

这一类石头之所以绊倒了好些人,是因为它是有特定意义的固定词组,这个意义不能凭其中词语推想出来。谁要是望文生义,谁准会摔个仰八叉。所以,当我听见秦秀白教授及其同事们正在编《现代英语习语大词典》时,就格外高兴——有人要给我们清除路障了。

路障得怎么清除呢?在未读秦老师的样稿之前,我查阅了一些英美出版的习语词典,有过这样的设想:

(1) 应该把习语的意义讲得准确明白。这需要:

a. 有英语释义并有汉语译文。

b. 有浅易的例句并有汉语译文。

c. 有出处的习语应该指明,例如 green-eyed monster(妒忌之心)应说明来自莎士比亚悲剧 *Othello*;when one's ship comes home(等到发财时)应说明源自 18—19 世纪欧洲商人派船只远航海外,等到满载而归时就要发一大笔财。

（2）应该把成语的语法特点讲得一清二楚,例如:queen it(妇女盛气凌人)后面要用介词 over; off one's chump(发疯)常放在 be 或 go 后面做表语,并可用 clean, right 或 completely 等副词来修饰; bag and baggage 的通常用法是做状语,跟在 go away, leave, throw somebody out, turn somebody out 后头。

（3）应该说明习语的风格特点,例如 off one's cats(胃口不好)是口语, big bug(大亨)是俚语, land of milk and honey(富饶之国)是雅语, Homer sometimes nods(最聪明的人也有糊涂时)是谚语。

（4）应该说明习语的流行地区,例如:fly the coop(逃跑)是美国俚语,而 in the same boat(处于同样的困境)在英国虽是常用的口语,在美国人看来可未免陈旧一点。

（5）除此之外,我发现有的外国习语词典的条目中还包括同义语和反义语,例如:*Longman Dictionary of English Idioms* 就列出 still wet behind the ears 和 not dry behind the ears (乳臭未干), in somebody's good graces(得某人欢心)和 in somebody's bad graces(被某人厌恶),互相比较。这样做对写作者有帮助,我们的英语习语词典也不妨效法。

上面所说是我的一些不成熟的想法,跟谁都没说过,没想到看了秦老师的样稿以后,我们俩所见竟不谋而合。尤其是关于习语的同义语和反义语,秦老师已提供了一些极其有趣的例子,如 as fat as a pig 这一条,后头就附上 as fat as butter, as fat as a young thrush, as thin as a rake, as thin as a lath,那真是可喜的意外。我的个人愿望,已由秦老师全部实现了。

我是不是说,秦老师的设计,跳不出我的范围呢?当然不是。下面是另外两个可喜的意外:

（1）英语习语有不少是比喻,直译意义难明,意译则虽易懂,可是难做到准确。主要原因是不同的语言有不同的文化渊源。中国民间传说中的玉皇大帝,不等于英美人的 God;中国人所谓"阴间"、"冥间",也不同于英语的 Hades 或 Hell。秦老师注意到这一点,他在释义中常常区别英汉词语的文化色彩。例如:Abraham's bosom,英语释义是 place when the good go after death,汉译是"好人死后去的地方,天国"。我们知道中国人也有所谓"极乐世界",据说一个人如果修行做善事,死后就到那里去。但是,"天国"与"极乐世界"虽有相同之处,可是前者源自基督教,后者源自佛教,不可混同。秦老师指出这一点,这是非常好的。

(2)一个英语习语,单独提出作为引语时有其译法,可是用在句子里,由于受到上下文的影响,往往不能用同样的方法翻译。例如:crack down,英语释义是 use one's authority (against), suppress, attack,作为独立的词组,自然应译为"对……进行制裁;镇压;攻击"。可是 The police are always being urged to crack down on drug addicts、是不是也该译为"警察总是被要求对吸毒成瘾者进行制裁(或'镇压'、'攻击')"呢?显然不是。秦老师考虑到文义和文体问题,译为"人们总是敦促警察好好治治吸毒瘾君子"。在风格上此句自然流畅,又有口语味道,与原文可谓铢两悉称。

对于秦老师的英语习语词典,我该做些什么呢?显然,我应该向英语教师、学生和各种英语工作者推荐这本精心编纂之作,但是我更应该在出版之后马上买一本送给我那个爱啃英语原著的孙子。原因是,他与大诗人陶渊明有同样的脾气——爱读书,但不求甚解。

1994年6月20日

评《汉英词典》修订版

吴景荣先生主编的《汉英词典》是一本好书,人所共知。但是此书出版于1978年,已经过了好些年月,时移事易,大家都盼望来一次修订。现在修订本问世了,我试读了书中一百多个条目,觉得质量是上等的,可以告慰于已去世的吴先生,也可以更有助于新一代的使用者。

在试读过程中,我琢磨着三个问题:第一,《汉英词典》修订版(简称《汉修》)与未经修订的《汉英词典》(简称《汉典》)有何不同,修订者的功夫下在哪里?第二,把《汉修》与比较畅销的香港版《最新林语堂汉英词典》相比,有什么异同优劣?第三,再过若干年,《汉修》免不了再来一次修订,此刻就应该注意什么问题,为未雨绸缪之计?

一边琢磨,一边读报刊,听广播,看电视,搜集了一些常用词语。我把这些词语编成个核对表,用以测试《汉修》的收词数量和选词倾向。这个核对表自然有片面性、主观性,但是在某种程度上能代表一般的词典使用者的看法。

按常识,我认为评论汉英词典的标准是四个:一看内容丰富不丰富,二看材料新不新,三看释义是否简明,四看英译和用例是否准确恰当,鲜明生动。当然,这些标准运用起来也有主观性、相对性,因为同一词语,内地觉得新,港台人可能觉得不新;同一本书,某些使用者觉得内容充实,另一些人却可能认为疏漏尚多。

一、耕耘十载报丰收

《汉修》与《汉典》有何不同呢?最触目的是:(1)单字条目增添

了八百多条,多字条目增添了一万八千多条,篇幅由 976 页增至 1 435 页。(2) 单字条目附加了异体字和繁体字。(3)《汉典》只有汉字拼音音节索引,《汉修》增添了威妥玛式拼音和汉语拼音音节对照索引。(4) 增加了一些附录,如(a) 国家机关、政党、人民团体,(b) 中国历史年代简表等等。既然在科学文献里,北京猿人还叫 Peking Man(威妥玛式拼音),不叫 Beijing Man(汉语拼音),在不少历史书里,周恩来还写成 Chou Enlai,不写 Zhou Enlai,上文(3)项所列的拼音索引不是多余的。整个看来,本书体例的改动都能给使用者(包括中国港台地区的使用者和国外使用者)增加某些便利。

但是,从具体内容看,新增加的是一些什么词语,它是否合乎使用者的需要呢? 这得把《汉典》与《汉修》对勘一番,才能知其梗概。我试分为三类进行比较:

首先是借词和译语。新增加的有:克格勃(K. G. B.);苦迭打(coup d'état);拉力赛(sports rally);香波(shampoo);霹雳舞(break dance);面包车(station wagon);代沟(generation gap)等等。

其次是传统词语,文雅语。新增的有:真人(true man [i. e. a man who has attained enlightenment or immortality]);居士这一条原有 lay Buddhist,新增释义 retired scholar;黄冠(① yellow hat worn by a Taoist priest;② a Taoist priest);黄口小儿(a baby — an immature youth);绳之以法(to prosecute and punish according to law)等等。

又其次是口语、俚语。新增加的有:拉近乎(try to be friendly; cotton up);过不着(not on familiar terms);闹情绪(be disgruntled; be low in spirits);抬轿子(carry sb. in a sedan chair — flatter rich and influential people);戴帽子(be branded; be labelled);打小报告(be an informer)等等。

上面这些词语分明有两种不同的性质。一种是近年来才出现的,如霹雳舞、代沟,《汉典》不可能收入;一种是早已存在,但是《汉典》遗漏了,如闹情绪、绳之以法。一般说来,新增项目都是常见常用,一本现代化的汉英词典不可不收的。我觉得,较之《汉典》,《汉修》补充了许多有用材料,使原书面目一新。其所以能如此,是因为主编危东亚和一些编辑先生原是《汉典》旧人,经验丰富,知识广博;

一方面,还由于取得了不少中英文教师、专家的协助,众人拾柴火焰高。十年以来,危东亚先生等人惨淡经营,成绩卓著,这是不待明眼人指出而后知的。

《汉修》是否有不如《汉典》的地方呢？我看间或有之,请看下文第三节"菜篮子"条。

二、他山之石可以攻玉

《最新林语堂汉英词典》(简称《林典》),是黎明、林太乙就林语堂《汉英词典》(1972)改编而成的。此书出版于1987年,比《汉典》晚,比《汉修》早。

拿《林典》跟《汉修》比较,可以看出有如下的不同。

就内容总数量说,《汉修》比《林典》多些。《林典》有单字词条六千三百多条,复合词、短语、成语六万多条;《汉修》增收单字条目八万多条,多字条目一万八千多条,全书共收条目约八万条。

但是,更重要的问题是：这两本书各收了一些什么条目？哪些是甲书收而乙书不收的？哪一本选词选得更有眼光？要是一个条目两本书都有,释义和举例又有何异同,谁优谁劣？

下列条目是《汉修》有,《林典》没有的：邯郸学步［learn the Handan walk —— in trying to acquire a new trick, lose the ability one already has(下略)］;一箭之仇(the wrong of an arrow shot — a loss or defeat to be retrieved);不经一事,不长一智(you can't gain knowledge without practice; wisdom comes from experience);众人拾柴火焰高(When everybody adds fuel the flame rises high — the more people, the more strength);宰相肚里能撑船(a prime minister's heart is big enough to pole a boat in — a great person is large-hearted or magnanimous);丑媳妇总得见公婆(an ugly daughter-in-law will have to face her parents-in-law sooner or later — one's work, whatever one's faults or shortcomings, must be shown to others)。以上是中国内地和港台地区同样流行的话,《林典》不收,看来没有什么理由,只是出于疏忽。

有些条目,词源相同,但是中国内地和港台地区译语不同。例如Braille,《汉修》释为"盲文",《林典》释为"布莱叶尔字"; summit meeting,《汉修》释为"最高级会议",《林典》释为"高峰会议"。值得注意的是 pope，pontiff,《汉修》释为"教皇",《林典》释为"教宗"。显而易见,《林典》采用的不是通俗说法,而是天主教自定的称号。

有些条目,除本义外还有转义、衍生义,但是新义产生于大陆,在港台不流行,所以《林典》没收。例如:

取经(① go on a pilgrimage for Buddhist scriptures. ② learn from sb. else's experience)。这条《汉修》有,《林典》没收。

太极拳,《林典》说是 a kind of boxing or gymnastics, consisting of slow, circular movements with breath control,这是本义。《汉修》说是 a system of physical exercises that emphasizes balance, coordination and effortless movements, designed for attaining bodily or mental control and well-being, also as an art of self-defense,虽然比《林典》释义详细,也是本义,但是《汉修》还有一条打太极拳:［① do taijiquan exercises（or calisthenics）;② dodge and shirk］。这个后起的比喻意义,《林典》可没有提到。

谈到释义和举例,《汉修》和《林典》可以说是各有千秋。有的条目,《汉修》诠释得较好;有的条目,《林典》却有一日之长。

请看:

理学　《林典》说是 moral theories of the Sung Neo-Confucian scholars,这不错,但不如《汉修》详明: a rationalistic Confucian school that developed during the Song and Ming Dynasties, known to the West as Neo-Confucians.

异己　《林典》的释义是 person not of one's party who disagrees with one,这既絮烦又欠准确;person of the same political party who disagrees with one 是不是也算异己呢? 蒋介石是排除异己的,他杀了多少国民党员? 四人帮是排除异己的,他们害死了多少中共党员?《汉修》说,异己是 dissident;alien,这个说法既简短,又得当。

大千世界　《林典》说,这是 universe of 1,000,000,000 universes 逐字直译,文繁而意晦。《汉修》说,这是 the boundless universe,文简而意明。

逼上梁山　这可能是主动行为,也可能是被动的。《汉修》释义是 be driven to revolt,《林典》释义是 force to join the rebels,各自说了一半,都不全面。

一登龙门,身价百倍 《林典》"龙门"条这样说:"Dragongate"(myth) where a carp is transformed into a dragon:[一登龙门,身价百倍]phr., prestige increases a hundredfold once a man is admitted to s. o.'s friendship.《汉修》这样说:mount the dragon's gate — find a powerful patron or pass the imperial examination。讲典故,《汉修》没有《林典》讲得详细,但是讲比喻意义,《汉修》可说得更全,并且合乎古来的用法。

放下屠刀,立地成佛 《林典》说,put down the butcher's knife and become a Buddha on the spot — an evil-doer achieves salvation as soon as he repents,用了二十个词。《汉修》说,drop one's cleaver and become a buddha — achieve salvation as soon as one gives up evil,短小精悍,较为可取。

但是在某些地方,我看《汉修》不如《林典》。例如:

太岁头上动土 《汉修》说,break ground where Taisui (or God) is — defy the mighty。就英语说,这隐隐然有褒义。但是在汉语里,这句俗语本来指触犯当权者太不聪明,有贬义。《林典》说,extreme folly of offending the powerful,较为合乎原意。

狗血喷头 这是口语。《林典》说,spray dog's blood on sb.'s head — let loose a stream of abuse against sb.,在英语是口语,与原文风格相当。《汉修》说,pour out a flood of invective against sb.,意思不错,但书卷气却未免重些了。

好汉不吃眼前亏 《汉修》说,a wise man will not fight when the odds are obviously against him; a man does not fight against impossible odds,把"好汉"说成 wise man,失去原文的反嘲意味,因为好汉本来应当是无所畏惧的。《林典》说,a brave man knows when to retreat,这与原文比较吻合。

开卷有益 《汉修》说,reading is always profitable,直译派会认为译文一字不差,好。《林典》说,reading enriches the mind,意译派会认为此句别具韵味,好。谁优谁劣,留待读者判断。

三、还须更上一层楼

《汉修》是一本好书,这没有疑义。但是好书也不是十全十美的。若是精益求精,该往哪里下工夫?

《汉修》收了些什么词语呢?是不是该收的都收了呢?不妨分两类来看看:

(1) 借词和译名

《汉修》收了:雷米封(rimifon);三明治(sandwich);卡拉 OK (karaoke);迷你裙(miniskirt);胡拉圈(hula hoop);热狗(hot dog);易拉罐(pop-top; flip-top);热线(hot line);金牌(gold medal);黄牌(sports yellow card);方便食品(convenience food);减肥(reduce one's weight; slim);摊牌(lay one's card on the table; show one's hand; showdown);安乐死(mercy killing; euthanasia);白厅(White-hall);欧洲经济共同体(the European Economic Community)。

如果仿照上面各例,是否还要增收:寿司;料理;跆拳道;方便店;连锁店;多媒体;语料库;发展商;镭射光盘;大藏省;通产相;欧洲议会?

(2) 国内流行语,新词语

《汉修》收了:精品(quality goods; articles of fine quality);方便面(instant noodles);拳头产品(competitive products);牛仔裤(jeans);大款(inf. tycoon);倒爷(inf. usu. derog. profiteer);老外(① layman;② foreigner);一把手(first in command);第三者(third party [to a dispute, divorce, proceeding, etc.]);婚外恋(extramarital affair);潇洒(of a person's appearance, demeanour, carriage, etc. natural and unrestrained);扶贫(aid-the-poor program: a government programme for providing assistance to poor areas);一刀切(cut it even at one stroke — make everything rigidly uniform);脑体倒挂(manual workers earning more than mental workers);爬格子(crawl over squared or lined paper — write, esp. in order to make a living)。

如以上面各条为例,是否该考虑增收:饮品;发廊;股民;市盈率;美声唱法;直播室;龙头企业;希望工程;基本法;有偿报道;怪圈;误区;黄赌毒;三角债;侃爷;公关小姐;追星族;贵族学校;小皇帝;打工妹;冲刺;传销;包装(造成人的形象);打白条;鞭打快牛;奔小康?

《汉修》的释义,有不少地方闪耀着灵思慧眼,使人击节称赏,前面已有许多例子。但另一方面,也有可以商榷的地方。试举数例:

菜篮子　菜与饭相对,指副食品,《汉典》释义是 non-staple food,这是对的。但在《汉修》中,菜篮子却释为 food supply,去掉 non-staple 这个形容词,那就未免太宽。现在要加强农业,大家都说米袋子十分重要。菜篮子如译为 food supply,米袋子得怎么翻译,才能与菜篮子相区别?

炒鱿鱼　《汉修》的释义是 inf. give somebody the sack,很对。但这个流行语源自粤语,炒鱿鱼原是卷铺盖的暗喻,不妨注明。

胸有成竹　释义是 have a well-thought out plan, stratagem, etc.,意思正确。可是为什么说胸有成竹,却不说胸有成木呢?最好注出来源:宋代晁补之《赠文潜甥杨克一学文与可画竹求诗》:"与可画竹时,胸中有成竹。经营似春雨,滋长地中绿。"

下海　释义④是 inf. engage in trade,这太泛了。个体户 engages in trade,是否下海?企业家 engages in trade,是否下海?国营商业干部搞商业,是否下海?显然都不是。应当说明,这是本来有专业的人改营商业,或者虽不放弃本业但以商业为第二职业,这才确切。

一鼓作气　释义是 press on to the finish without let-up; get sth. done in one sustained effort,极其恰当。但是一鼓指的是什么呢?是一更天呢,还是擂鼓一通呢?这要引《左传》才明白:"夫战,勇气也。一鼓作气,再而衰,三而竭。"

看破红尘　释义是 see through the vanity of the world; be disillusioned with the mortal world,很好。可是这是释、道两家的思想,看破红尘的人会出家为僧为道士,不妨指出。

债台高筑　释义是 be heavily in debt; be up to one's ears in debt; be debt-ridden,完全对。不过应当注意,be up to one's ears in debt,是以人泡在水里为喻,原文说的可是站在高台。建议引《汉书·诸侯王表序》"有逃债之台"的颜师古注:"周赧王负债,无以归之,主迫债急,乃逃于此台,后人因以名之。"

渔火　释义是 lights on fishing boats,并引张继诗为例:"月落乌啼霜满天,江枫渔火对愁眠。"译为 Moonset, rooks caw, Maples and fishing lights, and sorrow before my bed。我看"愁眠"是说诗人愁肠百结,睡也睡不着,愁在心里,并不是床前之物。"江枫渔火对愁眠"这一句,似应译为 In full view of the maples and fishing lights, I was lying awake sad at heart。(上文 rooks caw 改为 rooks cawed。)

《汉修》今后怎样更进一步呢?不妨考虑三个方面:

(1) 面向世界 这就是说,既面向大陆,又面向港台,面向海外,面向全世界学习和使用汉语的人。应当征求他们的意见,了解他们的需要,把词典内容编写得更充实,更实用。

(2) 面向现代 这就是说,要注意改革开放的进程,注意经济、政治、文化各方面的变革所引起的语言发展,注意新借词、新译语,注意体现新思想、新风尚的名词、短语和各种说法。

(3) 面向多种用途 有人查汉英词典是为了了解文句意义,那就要对他们说清词义和词源。有人查汉英词典是为了从事翻译,那就要给他们提供译语和用例。有人查汉英词典是为了写作,那就要给他们多举些同义词语并指出其不同风格。

还有一点值得考虑。汉英词典应当是规定性的、还是描写性的呢?我倾向于后者。编词典要记录汉语各种词语的用法,要如实反映汉语发展的动态,不是作政治评价,搞语言立法。例如"可口可乐"这个词该不该收呢?既然它已经变成汉语常用词之一,我看该收。可是查看最近出版的汉语词典都查不到这个新词。《现代汉语词典》及其补编(1988)不收;韩明安《汉语新语词词典》(1988)不收;李国炎等《新编汉语词典》(1990)不收;陈绂等《当代汉语词典》(1993)也不收。但是《汉修》收了,《现代汉英词典》(外研社,1990)和《汉英大辞典》(上海交通大学出版社,1993)也收了。我觉得,《汉修》编辑部做得对。收入"可口可乐"这一条,是为了便于词典使用者,并不是为外国公司做广告,更不是有意损害汉语的纯洁和健康。

1996年3月7日

专科辞书抽样检查

利用暑假的间隙,我以一个普通使用者的资格对一些专科辞书试作了一次抽样检查。

所谓专科辞书有两类:一类是《中国大百科全书》中专讲一门学科的一卷,如《心理学》卷、《社会学》卷、《中国历史》卷、《新闻出版》卷;一类是独立的、不属于《大百科》的专科词典,如《文化学词典》、《人口学词典》、《人类学词典》、《中国语言学大词典》。

评价专科辞书有什么标准呢?作为普通使用者,我认为最重要的是提供基本知识或资料。如果除此之外,还能扩大读者的视野,介绍有关书刊,指出进一步寻求知识的门径,那就更好。

在抽样调查时,我注意四个方面的问题:(1)书中条目易不易找?(2)书中文字易不易懂?(3)内容方面有没有重大缺漏?(4)自1978年起,专科辞书有了哪些改进?

本文自然要举例说明,某书有什么优点缺点,但是指出一本书有缺点,并不是说全书毫无可取之处;指出一本书有优点,也并不是说全书毫无可议之处。我的目的不是挑眼找岔子,而是通过分析比较,看目前已有的专科辞书能在什么程度上满足使用者的需要;看哪本书能应付新情况的挑战,哪本书还跳不出老框框;看哪些编者有远见,有新意,哪些编者由于某种限制,所提供的资料还不完美或叫人失望。

在专科辞书中,一个非专业人员容易不容易找到他应看的条目、获得他所想得到的资料呢?有时我感到很难,很费事。

固然,有些问题是不难解决的。例如关于精神治疗问题,要找到有关条目并不困难。可是关于中国的气功,你虽然设想心理学辞书中有资料,可是应该查看到哪个条目呢?

一般的方法,是按拼音字母顺序,找"气功"这一条。但是你有走上岔道的危险。如果你查林传鼎主编的《心理学词典》(江西科学技术出版社,1986),因为查不到"气功"条而认为书中没有气功资料,那是对的。但是在查朱智贤主编的《心理学大词典》(北京师范大学出版社,1989)时,如果你也因为查不到"气功"条而断定书中无此项资料,那便错了,因为此书采用的是小条目分类法,其中没有"气功"条,可有"动气功"和"静气功"两个小条。

也许你以为改变办法,按条目分类索引去找资料,可以按图索骥,可是你先得决定从哪里下手。要是你觉得气功是治病方法,在索引中的"医学心理学"这个大类里找"气功"条,那么在《大百科·心理学》卷(潘菽、荆其诚主编,1991年出版)中是找得到的,但在别的书里不行。如果你觉得气功是一种体育运动,到"体育心理学"这个大类里找"气功"条,那么在朱编《心理学大词典》中是找得到的,可在别的书里不行。原因是,辞书编者各有其分类法,你无法捉摸他们的构想。

可能你以为再换一个办法,先找总条,再找分条,会好一些,可是这也并非无往而不利。在《大百科》各卷中,开头总是来一个总条,后面才是一个个分条,比较易找。可是在独立的专科词典中,是没有总条的。例如在朱编《心理学大词典》中,"心理学"只是个短条,内容有限,想从那里得到什么指引去找关于气功的资料,那是不可能的。

找资料仿佛大海捞针,无一定方向,浪费许多时间,这是普通读者在使用专科辞书时的一个大苦恼。

找到了所需要的条目,那里边的话是否都深入浅出,一看便懂呢?我觉得,多数好懂,可也有少数条目好像八卦爻辞,叫人莫名其妙。

1993年6月14日美国《时代》周刊有一篇文章,讨论的是中国的儒家文化传统与国家现代化有什么关系。文章说,儒家有一个"大传统"(the great tradition),那对商业、技术、经济的发展都是个明显的障碍;可是儒家又有个"小传统"(the little tradition),那倒是今天东亚经济发展的强大动力(19页)。此说颇为新奇,于是我搬来了几种辞书,希望从里面得到一些启迪。

先翻开吴泽霖主编的《人类学词典》(上海辞书出版社,1991),其中有"小传统"条,全文如下:"生活在较大的文化区和社会范围内的村民们所有的一种地方性文化。工业社会的文化称为'大传统'。由于这一概念很容易产生民族优越感,所以现在已很少使用"(700页)。这里提到的东西不少,可是纠缠在一起,读来读去,还是不甚了了。

再查覃光广等主编的《文化学词典》(中央民族学院出版社,1988),可就清楚多了。依此书的说法,"小传统""是一个复杂社会中具有地方社区或地域性特色的文化传统。相对于'大传统'而言。'小传统'的文化,一般有很强的区域性,变易性较大,当别的文化冲撞它时,其文化的结构就会重组,形成一种新的文化体系"(44页)。看了这一条,我才明白为什么《时代》周刊说儒家小传统有利于经济发展,而大传统则截然相反。

我知道法国杜尔凯姆(E. Durkheim)是有名的社会学家,可是在他的心目中社会学应以什么为对象我不大清楚。翻看王康主编的《社会学词典》(山东人民出版社,1988),其中"功能学派"条谈到这个问题,这样说:"杜尔凯姆认为,社会应该对于像集体的思想感情、风俗习惯、民族返[按:原文如此]类、社会事实进行独特的社会学研究和解释,而不是仅仅停留在个人心理学水平上。此外,他发现社会的各组成部分的相互关系结合成一个整体,并认为这个整体置于个人之外,又约束个人的行动。他的这种观点被称为功能主义"(106页)。读了这些话,我如堕五里雾中。

再看雷洁琼主编的《大百科·社会学》卷(1991年出版),那就明白多了。书中"迪尔凯姆"[按:即杜尔凯姆]条这样说:"迪尔凯姆为社会学确立了有别于哲学、生理学、心理学的独立研究对象,即社会事实。社会事实具有不同于自然现象、生理现象的特征和特殊的决定因素,它先于个体的生命而存在,比个体生命更持久。它的存在不取决于个人,是先行的社会事实造成的。社会事实以外在的形式'强制'和作用于人们,塑造了人们的意识。这种'强制'既指人们无法摆脱其熏陶和影响,又指对于某些社会规则拒不遵从将受惩罚"(29页)。两相比较,王编《社会学词典》远远不如雷编《社会学》卷对读者有帮助。

怎么把文字写得明白浅显,恐怕是某些辞书编者要研究的问题。有的话是探照灯,能使人心里透亮;有的话可是喷雾器,能叫人视觉模糊。不可不知。

目前国内出版的专科辞书,对普通读者来说是否能够令人满意呢? 就我所见的二十来种而言,有的书能提供所需的基本知识或资料,有的可不能。

为什么不能叫读者满足呢? 这有两个主要原因:一是资料不全或者陈旧,一是对所使用的术语没有加以必需的解释。

第一个原因可以以《大百科·外国历史》卷(陈翰笙主编)为例。这书出版于1992年,可是讲奥地利历史只讲到1971年,讲南斯拉夫历史只讲到1982年,讲欧洲经济共同体历史只讲到1985年,甚至讲近在周边,跟中国打了许多交道的越南的历史也只讲到1978年。讲历史应当厚今薄古,可是这书却是远者详而近者略。再说,书中资料的配置也不平衡。在这一卷中,前苏联的领导人物如赫鲁晓夫、勃列日涅夫、安德罗波夫、契尔年科都有专条,然而美国的领导人物如福特(1974—1977年任总统)、卡特(1977—1981年任总统)可没有,甚至布什(1981—1989年任副总统,1989—1992年任总统)也没有。北大西洋公约性质重要,书中是有条目的;关贸总协定性质也十分重要,但是书中没有条目。

《大百科·中国历史》卷(侯外庐主编,1992年出版)是一本好书,但是有个严重的缺陷。这一卷讲中国史,从三皇五帝起一直往下讲,都讲得很好,可是讲到1949年便戛然而止。如果你想知道一些近事,如土地改革、公私合营、抗美援朝、中印边境冲突等等,你只能到别的地方去找资料。这样编书,料想有某些客观原因,但是缺陷的存在是有目共睹的。

另一个材料不全的例子是《人口学词典》(刘铮主编,人民出版社,1986)。谈到人口,有些问题是一般人都会关心的,例如全世界共有多少华侨? 在各地如何分布? 可是这本书"华侨"条(378页)并没有提供任何资料,甚至大致估计也没有。关于世界人口的年龄结构,书中倒是有统计数字的(445页),但那是1975年的数字。在这书出版时(1986),这些数字已经是明日黄花,到了今天(1993),更是意义不大了。

使用了术语可是没有加以必要的解说,可以《大百科·中国历史》卷为例。大家都说,中国几千年来一直到1949年都是封建社会,这书也这样说,可是有的读者会觉得这个说法有点含糊笼统。从什么朝代起,中国社会便是封建社会呢?特征是什么?中国的封建社会与欧洲的封建社会,性质是否完全相同?中国的封建社会维持了几千年,面目是否始终不变?能不能说,领主封建制和地主封建制,二者之间并没有什么重大区别?如此等等的问题,《中国历史》卷本应该有一个专条来讲清楚,可是没有。对于一般读者,对于不熟悉中国历史的人,这可不能不留下一个大疑团。

也许有人说,什么是封建社会,这个问题可以留给社会学辞书来讲。《中国历史》卷是历史辞书,只要讲历史事实,不必讨论什么术语或理论问题。要是这样,那么《大百科·外国历史》卷为什么又有"封建等级制度"、"封建社会"这两个条目(326—328页)呢?为什么对学习欧洲历史的人要说明封建社会的性质和结构,对学习比欧洲历史更复杂的中国历史的人反而可以回避这个问题呢?

有人说,查专科辞书有点像大暑天喝可口可乐,不能说全无好处,可是不解渴。我建议,编专科辞书的人为普通使用者着想,多来一些酸梅汤。

《大百科》七十四卷现在已经出齐,这对接触方面广、需要多种资料的人是一个好消息。这样的人所关心的是,自1978年以来,我国的专科辞书所走的是一条什么道路?已经开辟了什么新园地,走上了多少个新台阶?

在抽样检查过程中,我所见的只是一鳞半爪,不过印象是分明的。我愉快地感到,我们的辞书编者在许多方面都进步很快,下头分覆盖面和内容质量两方面来谈谈。

就覆盖面来说,我们首先看到的是增加了许多新专科辞书。现在非但文科工作者一般都熟悉的文学、史学、哲学已有辞书,那些中断了一个时期而又复苏的学科如心理学、社会学、人类学也有了辞书，一些范围较窄的神话学、宗教学、民俗学也有了辞书。陈永正主编的《中国方术大辞典》（中山大学出版社，1991）是一本畅销书。它所讲的占卜术、星相术、择日、看风水、炼丹、气功等等是中国传统文化的一个重要组成部分，虽然其中有许多糟粕，可是我们不能忽视。马书田的《华夏诸神》（北京燕山出版社，1990）不叫做词典，其实是一本神名词典，它让我们知道，我们的祖先多么善于造神，旧中国的神管得多么宽。在天上，固然有玉皇大帝、王母娘娘、南斗、魁星等等一大堆，就是在家里，也有灶君、门神、床神、厕神等等。也许有人以为，研究这些东西是多余的，那么请注意，不久前报上还登载某地村民拆毁教室，盖起神庙来，华夏诸神的威力还不小呢！

其次，虽然《大百科·中国历史》卷由于某些原因以1949年为下限，可是其他各卷有的并没有设置这条界线。要是有谁想知道几十年来极左思想如何流毒于神州大地，他不妨看看《大百科·新闻出版》卷（梅益主编，1990年出版）。书中有"中华人民共和国出版方针"、"中华人民共和国出版事业"两条，给我们摆出了许多惊人的史实，例如1965年，全国出书品种总数为20 143种，过了两年，竟降低到2 925种（53页）。"文化大革命"为祸之烈，由此可见。

我们的专科辞书的编者有的非但已讲了1949年以后的事，他们的视线还伸到了大陆之外，甚至国境之外。1983—1986年编《大百科·语言文字》卷时，编委们谁也不提港台地区的语言文字学者，可是陈海洋主编的《中国语言学大辞典》（江西教育出版社，1991）在取材方面就不这么狭隘了。此书有"当代台湾语言研究"、"当代国外汉语研究"等条目，还用具体材料说明中国语言学如何受到西欧、苏联、北美语言学的影响，这是大大进了一步。我们还看到，《大百科·心理学》卷中"中国近代心理学史"条有一节专讲台湾地区的心理学史（569页），《新闻出版》卷也有"台湾省出版事业"（331页）、"香港地区报刊"（384—385页）等条目，这都是先前难以看到的资料。

就内容说，我看我们的专科辞书近年来在三方面有进步。

第一，在处理历史事件时，1987年后的专科辞书能采取冷静客观的态度，这是先前出版的书刊所做不到的。例如关于前苏联共产党的历史,关于斯大林和赫鲁晓夫的问题,1979年出版的《各国概况》(世界知识出版社出版)使用了感情强烈的字眼,如"叛徒集团"、"修正主义道路"等等(799—802页),然而1992年出版的《大百科·外国历史》卷则摆脱了前人的窠臼,以平淡朴素的文字把事情经过讲清楚。周一良教授说,《大百科·中国历史》卷"力求反映历史真实,对人物事件等一律不加评论",我看这个原则在《外国历史》卷也采用了。

第二,在谈到生理、心理现象时,能以科学试验为根据。比如中国的气功,现在有人把它说得很神奇,有人又认为是一种骗术或催眠术。查《大百科·心理学》卷"气功疗法"条,那是这样说的:"实验研究表明,练功有素者入静时脑电波 α 波振幅明显增高,节律减慢;气功能明显提高人体痛阈和两点阈,并提高顺背和倒背数字的记忆广度……"(242页)。这完全是科学记录,当然可信。

第三,是注意当前的学术争论,把各种不同意见汇集起来,扩大读者的眼界,启发读者的思考。例如覃光广等主编的《文化学词典》有"中国传统文化内涵"条,把今天各派学者的看法一一陈述:(1) 中国传统文化以儒家为主,儒道互补;(2) 中国文化各时代的差异极大,不能认为存在着一种数千年以儒家思想为核心或代表的一成不变的文化;(3) 中国文化有不同层次,物质文化和制度文化容易变化,经典文化和社会潜文化相对稳定;(4) 中国传统文化不仅包括封建文化,还包含着近代文化和"五四"以后的新文化;(5) 中国文化不是一源分流,而是各种文化的大融合,是各种思想的互相影响和渗透(86—87页)。不搞一言堂,不墨守一家的学说,自由讨论,一步步接近真理,这是我们应该走的道路。

专科辞书应该怎样编呢?我赞成朱智贤教授的主张:"词条尽量求全,求新,求精"(见《心理学大辞典》前言)。但是我想加上两条:

(1) 条目安排力求便于读者检索。

(2) 条目文字力求让读者一看就懂。

(原载《读书》1994年第1期)

评《牛津高级学生词典》第五版

1989年出版的《牛津高级学生词典》第四版（*Oxford Advanced Learner's Dictionary*, Fourth Edition）是中国外语界熟悉的书。1995年，此书第五版问世了，我们自然应当好好看一下。我的办法是，先抽样读一些词目，然后进而从导言和其他部分求得更多的了解。我觉得，第五版（简称05）比第四版（简称04）大有改进，对中国学生更加适用，但是我也发现，关于两个语法问题，本书的说法自相矛盾，会引起使用者（尤其是初学者）的困惑。

一、是小修还是大改？

据编者介绍，04有57 000单词和短语，05增加了2 300条新词和新义。我随便抽样，找若干词目比较一下，便发现有如下不同。

（1）增加了一些新词，例如tofu（豆腐），paper tiger，spokesperson（过去只用spokesman），downside（缺点、劣势），supplyside economics（供方经济学，指减税来刺激经济增长的政策），sound bite（新闻广播所用的简短录音谈话）。这些是近来英国人常用的外来词、社科用语、科技词汇。

（2）某些词的用例有增有减，如naked表示not disguised，04举the naked truth为例，05新增了naked aggression/emotion/fear，但是删去了原有的fight with naked fists（不戴手套），想是因为比较少见了。

（3）有些词的用例保留了下来，但加上了新的标志。比方用if you please表示讨厌，这是一种俏皮话，如And now, if you please, I've got to rewrite the whole report. 这个说法04已收入，但05却因为近来不大流行,在前头加上了评语:"dated esp. Brit."

由此可见,比之 04,05 有增,有减,有改,工作是认真而繁重的。对 05 的编者,我们不能不满怀敬意。

二、有什么特色?

05 的特色在何处呢?粗粗一看,我就感到有三股力量在推动着词典编者前进:一是电脑技术的进步和巨型语料库的建立,二是应用语言学尤其是误差分析(error analysis)的发展,三是商品(词典也是商品)市场的激烈竞争。

简单说来,05 有这么些特点:(1)继承并发扬这部词典的创始人 A. S. Hornby 的原则,以外国(非英国)的使用者为主要对象,帮助他们理解和使用英语。(2)以不列颠国家语料库(the British National Corpus,内有一亿词)和牛津美国英语语料库(the Oxford American English Corpus,内有四千万词)为依据,测定各词的频率、义项、什么是新词、与什么词同用、彼此有何关系等等。(3)给词目下定义,只用最常见的 3 500 个词。(4)标音以英国最近的发音习惯为准,并且给短语和成语都标出重音。(5)设计了一套动词编码法(the verb coding system),以简明的格式指出动词用法。(6)除词典正文外,还新添了一些专页,讲词语特点、地理知识、文化知识等等。合起来看,可以说 05 兼有语言词典和百科词典的某些长处。

三、哪些地方最有帮助?

05 便于一般外国学生使用,也便于中国学生使用。这可以分惯用法和句法两方面来谈,不过二者有密切关系,往往不能划清界限,讲一面便会牵涉另一面。

在惯用法方面,我赞赏书中这些做法:

讲词的搭配十分详明。书中说,thick 和 dense 意义相近,可以说 a thick fog,也可以说 a dense fog。然而 thick hair 是对的,dense 和 hair 可不能凑在一块。

非但讲实词意义的区别,也讲虚词意义的区别。比方介词 on 的意义是什么呢?*The Concise Oxford Dictionary*, Eighth Edition (1990)

说,是 concerning or about（write on frogs）(p.808)。这当然不错,可是 05 比 COD 讲得更细。它指出,a book,film, etc. on Chinese art 是郑重地讨论,a book, discussion or TV program about China 不过是随便谈谈而已。

讲词义时,着眼于上下文和使用的环境。比方 healthy,fit 和 well 都指健康,但是用法不完全一样。"健康的儿童"是 a healthy child; "健康的食品"是 healthy food。但是"你今天气色很好"这句话,谈的是一时的状态,该说 You're looking very well today。要是问"你怎么保持健康?"呢,通常就说 What do you do to keep fit?

05 的编者是英国人,可是知道美国英语在全世界影响很大,所以没有(也不敢)一切以英国英语为准,而是英美双方兼顾。

在语法方面,这两个国家的习惯是不一致的,可以冠词用法为例。英国人生病入院治疗,会说 I'm going to hospital（不加冠词）。倘若自己无病,进院探病,就说 I am going to the hospital（加冠词）to visit my friend。美国人怎样呢? 不论何种情况,hospital 前一律都用冠词。

在词义方面,05 的讲法尤其细致而切合需要。书中指出,quite 在美国相当于 very, absolutely,所以有人送花来,说 Thank you for the flowers,that was quite nice of you,对方会很高兴。可是 quite 在英国相当 fairly,要是英国人送花来,你也照样说 quite nice of you,那就冒犯对方了。

谈到语法,05 这样点醒我们是有好处的:

及物动词一般有被动式,可是有少数动词没有,如 They walked because they couldn't afford（to take）a taxi, afford 只有主动式。

"谓语动词 + 名词 + ing 动词"这个格式,有两种不同的句法关系。一种名词与放在前面的谓语动词结合得很紧,如 His comments set John thinking。一种名词与放在后面的-ing 动词结合得很紧,合起来做谓语动词的宾语,如 I hate John joking about serious matters。这个区别 05 讲清楚了,并且指出,只有后面这种关系才能容许把 John 改成 john's。

上面这些例子说明,05 非但告诉人家怎么说是对的,还劝告人不要怎么说。我们感到,此书固然是一本词典,但其实也是一位教师。《牛津高级学生词典》历来畅销,就是凭这个特长。我们高兴地看到,在这方面,05 比先前各版做得更周到、更细致了。

四、这样做可取吗?

上文介绍了 05 的不少特点和优点,但是关于两个语法问题,我们不能不提出疑问。为了便于论证并且避免误会或曲解,我们将多引一些各书的原文,不翻译也不转述其意义。

第一,什么是 present participle? 要不要区分 present participle 和 gerund 呢?

05 给 participle 下过定义:

Participles are used in verb phrases (eg she is going or she has gone) or as adjectives (eg a fascinating story). (p.644)

对此我们大家都是同意的。

05 给 gerund 和 verbal noun 也下过定义:

gerund = verbal noun (p.493)

Verbal noun (also) gerund — a noun derived from a verb, eg swimming in the sentence Swimming is a good form of exercise. (p.1324)

对此大家也不会有异议。

可是在另一个地方,05 却摆出既与众不同,也与自己在 343 页和 1324 页所说不同的提法:

The present participle is the form of a verb that ends in -ing, for example doing, eating or catching. Sometimes the -ing clause consists of a present participle on its own.

She never stops talking.

I started working on my essay today. (Study pages B7)

请问,在上面这两个例子中,talking 和 working 都充当宾语,有名词性,分明是 gerund,为什么偏要叫做 present participle 呢? 这样前后不一致,能不把外国学生搞糊涂吗?

是不是近几年来词典学界有个什么新共识、新风尚,要管一切以-ing 结尾的动词都叫 present participle 呢? 查了五本新出的词典,看法都与 05 的 Study pages B7 相左:

(1) 英国的 *The Concise Oxford Dictionary*, Eighth Edition (1990) 说,在 Do you mind my <u>asking</u> you? 中,asking 是 gerund。(p. 494)

(2) 英国的 *Longman Dictionary of Teaching and Applied Linguistics*, New Edition (1992) 说,在 I don't like <u>smoking</u> 中,smoking 是 gerund。(p. 156)

(3) 英国的 *Cambridge International Dictionary of English* (1995) 说,在 Everyone enjoyed Tyler's <u>singing</u> 中,singing 是 gerund。(p. 590)

(4) 美国的 *The Random House Dictionary of the English Language*, Second Edition (1987) 说,在 <u>Writing</u> is easy 中,writing 是 gerund。(p. 802)

(5) 美国的 *Merriam Webster's Collegiate Dictionary*, Tenth Edition (1994) 说: Gerund — The English verbal noun in -ing that has the function of a substantive and at the same time shows the verbal features of tense, voice and capacity to take adverbial qualifiers and to govern objects. (p. 489)

看来我们是多数派,而 05 的 Study pages B7 的编者是少数派。

第二,什么是 clause? 有无 finite clause 与 non-finite clause 之分呢?

05 的说法怪得很,它好像磷火一般,闪烁不定。一会儿它仿佛是暗示,只有 finite clause 一种,没有别的;一会儿又决然无疑地说,还有另一种,叫 non-finite clause。

请看第一种说法:

> Clause — a group of words that includes a subject and a verb, forming a sentence or part of a sentence: In the sentence "He often visits Spain because he likes the climate", "He often visits Spain" is a main clause and "because he likes the climate" is a subordinate clause, (p.205)

这里的动词 visits 和 likes 都是限定形式(finite)的,看了上面这个说明和例子,我们会以为,在 05 的编者心目中,clause 就是 finite clause,没有别的。

但是在另外一些地方,编者却奇兵突出,说有所谓 infinitive clause 和-ing clause(Study pages B7)。

前一种的例子是:

> The goldfish need to be fed.
> Children learn to read quite quickly.

这叫做"verbs + infinitive clause"。

后一种的例子是:

> She never stops talking.
> I started working on my essay today.

这叫做"verbs + -ing clause"。

我们不明白,要是编者认为既有 finite clause,又有 non-finite clause(infinitive clause 和-ing clause),为什么 205 页的定义没有提到这些,举例又限于 finite clause 而不及其他呢?

我们知道,关于句法分析问题,今天的语法学界有许多不同意见。传统语法认为凡是 clause 都只能用限定形式动词为谓语动词,可是 Randolph Quirk 的 *A Comprehensive Grammar of the English Language* (1985)却认为有 non-finite clause(见 7·20,8·13 各节)。但是对中国学生来说,一本词典不必钻牛角尖,参加什么语法论战,却要立论稳妥,用语统一,不可朝三暮四,使人无所适从。在前面那些引文中,05 前后不一致,诠释不明确,举例不周全,不能不说是较大的失误。

在试用 05 的整个过程中,我体会到中国的一个古训的用处,那是:

博学之,审问之,慎思之,明辨之,笃行之。

1996 年 3 月 18 日

六种英美词典小评比

问：你常用什么英语词典？这些词典有什么特色？

答：我常用六种中型英语词典。两种是英国的——*The Concise Oxford Dictionary*，7th edition，1980（*COD*）和 *Collins Dictionary of the English Language*，1979（*Col*）；四种是美国的——*Webster's New World Dictionary*，1972（*WNWD*），*Webster's New Collegiate Dictionary*，8th edition，1973（*WNCD*，这种词典1983年已出了第九版，但是我手头没有，不曾用过），*The Random House College Dictionary*，1980（*RHCD*）和 *The World Book Dictionary*，1981（*WBD*）。这些词典编辑方针不同，出版地点不同，付印时间不同，自然各有其特色，各有其优点和缺点。

词典是备查考的，不是供阅读的。哪怕是"词典迷"，也不能把一本词典从头到尾读完。因此，对词典的评价，只能凭片断印象，很难以完整的资料为根据。但是，为了交流经验，可以谈谈个人看法。

下面我准备谈谈三个月来在六种词典中查180条词目的经验和感想。

问：我是中国人，对英语借用汉语词语问题有兴趣。依你看，对于汉语借词，英国的 *COD*，*Col* 和美国的 *WBD*，*RHCD* 的处理方法有何异同？

答：这里我只能随手挑出二十来条词目来测验一下。据我所知，在这方面，这四种词典的收录范围是不同的，从中可以发现一些有趣的东西。

下面这些词项，是四种词典都收的：chop suey（"杂碎"，一种广东菜),chow mein(炒面),cheongsam(广东话"长衫",指妇女穿的旗袍),kungfu(广东话"功夫",指拳术),Red Guard(红卫兵),paper tiger(纸老虎)。这些词在英国英语和美国英语中都较为常见。收入三种词典的有 kumquat(广东话"金橘"),sampan(广东话"三板",即舢板),samshu(广东话"三烧",即烧酒,白酒),taipan(广东话"大班",旧时称洋行经理用此名),wok(广东话"镬",即锅),cumshaw(小费);收入两种词典的有 maotai(茅台酒),Mao jacket(毛式上衣),Cultural Revolution(文化大革命);只收入 WBD,其他词典不收的有 Kuoyu("国语"),Chingming(清明节),capitalist roader("走资派")。

chop suey,sampan,kungfu,kumquat,cheongsam,samshu,wok 等保留广东音,可见这些汉语词语被引进英语是以广东话为媒介的。COD 不收 kumquat,samshu,wok,可见这些词在英国不如在美国常见,也可见在英国本土的广东人不如在美国的那么多,同时操粤语的香港人对英语词汇的影响也不怎么大。

英语借用汉语词语,看来收得最多的是美国的 WBD。在注释方面,我看也是 WBD 较为详细准确。例如 commune 这个词,它是这样注释的:(formerly) a unit of local government in Communist China, comprising a group of collective farms organized to carry out planned communist work, including industrial, administrative, and educational projects.编者竟然在1981年就看到有注明 formerly(过去如此)的必要,可谓及时。

Chinaman 这个词,一般都认为有鄙视之意。例如 COD 说是 (arch.or derog.) a Chinese,WBD 说是 unfriendly use,RHCD 也说是 Usually Offensive。但是英国的 Col 只是说 a native or inhabitant of China,似欠周到细致,不如其他三种词典。

问:读美国报刊,是否必须用美国出版的词典,英国词典也能用吗?

答:一般说来,美国词典收美国英语词语较多,诠释也较为详尽,英国词典则对英国英语注意较多,这是自明之理。有些词语在美国流行,在英国罕见,英国词典自然少收。例如 retro(adj. 复旧),men in blue("蓝衣人",指警察),fun house("乐趣房",装有哈哈镜、暗门、秘密通道等等,以供娱乐),me generation("为我的一代",指美国70年代只顾自己的那一代青年人),to walk away from mistakes(犯了错误,却安然无事)等,英国的 COD 和 Col 都摒之门外,只有美国词典才予以收容。

但是,美国报刊所用的词语,有时英国词典却注释详明,比美国词典有过之无不及。下面这些词语,都见于美国的畅销刊物 Newsweek,但是如果需要理解它,英国词典对你的帮助却比美国词典大:

a fatcat supporter(一个阔气的靠山)——fatcat 这个词,美国的 RHCD 没有,英国的 COD 却有。

every last one——every last 连用,美国的 RHCD 没有收录,英国的 COD 却注明 every 在此地的意思是 each without any exceptions。

to have any number of reasons——关于这个 any 的用法,Col 说 any number 就是 an unlimited number,COD 也说 any amount of money 就是 a great deal of money。这两本英国词典都比美国词典说得明确。

Ronald Reagan is pushing 73.—— COD 说,pushing——(colloq.)having nearly reached age of(forty,etc.)。这个解释十分清楚,在美国的 WBD 之上,而可与 RHCD 媲美。

我的印象是,在英国词典中,COD 所收词语似不如 Col 那么多,可是释义很精,这是它的不可及之处。

从上述各例看来,英美词典虽则各有专长,但即使你读的是美国书报,查查英国词典也未尝没有好处。

问:你说你常用 WNWD(1972),WNCD(1973),RHCD(1980),WBD(1981)。这四种美国词典互相比较,长短优劣如何?

答:我只能从一个中国使用者的角度来对这四种词典进行测验,并且只能根据查 180 条词目的经验来发言。我想知道的是,这些词典(1)收了多少非正式英语(informal English),(2)收了多少关于时事的词语和(3)收了多少科技词汇。

(1)英美报刊文章,用非正式英语写的居多,因为轻松亲切,对读者有吸引力。但是由于与英美人日常交往较少,读到这种英语,中国人并不觉得浅易,反而认为比正式书面语艰深。

请比较四种美国词典收录了多少非正式英语词语：

词　项	WNWD	WNCD	RHCD	WBD
can-do（adj.），如 He comes on as the can-do guy（愿意并能完成任务的人）	—	—	—	√
down here（在美国南方）	—	—	—	√
wildcat（adj.），如 a wildcat candidate（不属于任何一派的候选人）	—	—	—	√
one-on-one（即 man-to-man），如 one-on-one conversation	—	√	—	√
condo（n.）分层出售的公寓	—	—	√	√
oldshoe（adj.），如 oldshoe pals（态度随和的朋友）	—	—	√	√
old boy，如 a Kennedy old boy（Kennedy 的中学老同学）	—	—	√	√
sight gag（不出声的笑话）	√	√	—	√

表中八条非庄重体的英语词语，WBD 收得最全，RHCD 收了三条，WNCD 收了两条，WNWD 只收一条。可见 WNWD 较为严谨，WNCD 尺度宽些，RHCD 又宽些，WBD 则最宽。从中国读者看来，收录标准越宽，越便于查阅，因为正式英语易查，非正式的难查。

（2）再看下表有关时事的流行词语：

词　项	WNWD	WNCD	RHCD	WBD
labor-intensive，如 labor-intensive industry（劳动密集型的工业）	—	—	√	√
Big Labor（美国那些最大的工会）	—	—	—	√
affirmative action（"肯定性运动"，指争取雇用妇女黑人的运动）	—	—	√	√
space age（"太空时代"，指发射人造卫星和宇宙飞船的时代）	√	—	—	√

（续表）

词　　项	WNWD	WNCD	RHCD	WBD
garrison state（"警备国家"，基本上处于战时状态的国家）	—	√	√	√
panic button（"惊慌按钮"，指国家领导人过早发出的应变军事行动的命令）	—	√	—	√
organization man（"组织工具"，指唯组织之命是从，没有个性的人）	√	√	—	√
Murphy's law（这有三句话：Nothing is as easy as it looks. Everything takes longer than you think. If anything can go wrong, it will. 都是俏皮话。）	√	—	—	√

从表中各例看来，在收集表达新情况、新概念的词语方面，又是 WBD 最全；RHCD，WNCD，WNWD 各收了三条。

（3）最后让我们看看，科技词汇哪一种词典收得最多：

词　　项	WNWD	WNCD	RHCD	WBD
etic（adj.），如 etic sounds（无区别或对比作用的声音）	—	—	—	√
tagmemics（Kenneth Pike 所讲的"序位语法"）	√	—	—	√
transformational grammar（Chomsky 所讲的"转换语法"）	√	√	√	√
dead space（火力打不到的地方）	—	—	—	√
acid rain（酸雨）	—	—	—	√
red alert（"红色警报"，最紧急的空袭警报）	—	√	√	√
rear-view mirror（汽车中的后视镜）	—	√	—	√
functional calculus（命题演算，谓词演算）	—	√	—	√

上面各例说明,科技词汇又是 WBD 收得最多,共八条;WNWD 最少,只收两条。奇怪的是 1973 年出版的 WNCD 收了四条,1980 年出版的 RHCD 却只收了两条。

上面三项测验告诉我们,WBD 的编者眼界最广,搜集的材料最多。

问:上面谈的是各词典的收容量。在注释和用法说明方面,四种美国词典哪一种能夺魁?

答:这个问题难以概括地答复,不过可以拿一些实例来测验一下:

词 项	WNWD	WNCD	RHCD	WBD
most (colloq. + almost, 如 In most every victory are to be found seeds of defeat.)	√	√	√	√
friendly, friendlies (n.)	—	√	—	√
one-two		√		√
Third World	√	√	√	√
security blanket	√	√	√	√

以上五条,WBD 和 WNCD 全收,RHCD 和 WNWD 各收了三条。

关于 friendly 作名词用,WNWD 和 RHCD 提也不提。WNWD 说这是所谓"亲善分子",即对移民或入侵者有好感的人。这样讲很清楚。WBD 的解释较为简单,只是说 a person who is an ally or supporter, 可是举例十分明白: The enemy kept pouring in that night ... concealed sometimes in flowers, disguised as friendlies. 从例子可以看出, frendlies 是有政治意味的,不是一般所谓朋友。

关于 one-two 这个词,WNWD 和 RHCD 也都没有提到。WNCD 说是在拳赛时连打两拳,这是本义。WBD 除本义外还讲了引申义,即争辩顶嘴,如 He countered each question with a stunning one-two。

关于 Third World, WNWD 只说是亚非两洲的不发达国家。RHCD 说是亚非两洲的发展中国家的集团,不与美苏两方任何一方结盟,这是进了一步。1973 年出版的 WNCD 给了三条注释:(1) 与 RHCD 所说相同;(2)说是在较大的主体"文化"中的小集团;(3)说是世界上不发达国家的统称。这比 WNWD 和 RHCD 都强些。WBD 同样给了三条定义,可是又有了改进。WNCD 的(2)项,WBD 列为(3)项,说是一个国家中的少数民族集团,并且举例: The Third World ... is composed of blacks, Mexican Americans, *Chinese Americans and other racial minorities.* (*Time*)。真是再清楚没有了。

security blanket 是什么东西呢? 原来这所谓"安全毯",并不一定是毯子,也与人身安全问题无关,而只是安慰小娃娃的东西。这个词条四种美国词典都收了,但是在英国词典 COD 和 Col 里边却都找不到,可见这只是美国的土特产,英国人极少用它。这里又是 WBD 讲得最清楚: a blanket or a similar cloth which a child carries for a feeling of security, 例如, Pails which are distributed to passengers ... contain such items as a handkerchief-size child's security blanket, which the stewardess demonstrated by rubbing it against her cheek (*Time*)。

总而言之,论收词范围之广,材料之新,诠释之清楚,用例之贴切,四种美国词典中我看是 WBD 居首位。1983 年前,我最喜欢 WNWD。但是 1984 年我买到了 WBD,便觉得它比 WNWD 更胜一筹。WBD 出版于 1981 年,比 WNWD 晚九年,后来居上,事理之常。但是 WBD 编者的苦心、巧思、干劲和毅力,是值得佩服的。中国的词典编者,不妨借鉴他们的理论、方针和体例。

问: 依你看来,是不是一切新词都能在 WBD 里找到呢?

答: 这样包罗万象的词典现在世界上还没有,将来也不会有。不要说 WBD 只是一本中型词典,就是真正巨型的如 *The Oxford Dictionary* 和 *Webster's Third New International Dictionary*,也有许多东西没收进去,所以不断地出补编。

这里不妨举几个例子,证明 WBD 并不能包括所有词语:

a. Reversed discrimination ("反向歧视",如妇女歧视男子):"USC football coach John Mckay told the same seminar:'We would have to eliminate men's athletics to comply with [Title IX] and we would have reversed discrimination.'" (1974 June *Women Sports* 76/3, quoted in *American Speech* 57.1 [1982], p.50)

b. Mini-strike("微型罢工",短期的局部的罢工):"UAW Vice President Irving Bluestone, who pioneered the 'mini-strike' tactic in 1972, confirmed local strikes were being considered." (1979 Aug. 22 *Pittsburgh Press* 7/4, quoted in *American Speech* 57.2 [1982], p.124)

c. Shootout (比武,不是真的枪战而是技巧的较量):"It was a wicked showdown, a lengthy tennis shootout." (1981 Sep. 7 *Tuscaloosa News* 19/5, quoted in *American Speech* 57.2 [1982], p.126)

d. Reaganomics ("里根经济学",指美国里根总统的经济政策):"The Reagan program has a name: Reaganomics. It consists of 4 interrelated parts: federal tax reduction, federal spending restraint, reduced government intrusion in and regulation of business, and diminished use of the printing press — that is, the slower creation of money." (1981. *Dupont Context* No.2, 2/1—2, quoted in *American Speech* 57.3 [1982], p.206.)

以上几个词在1981年和更早的时候都已在美国报刊中出现,而且不止一次,因此 I. Willis Russell and Mary Gray Porter 把它收集起来,发表于 *American Speech*,但是 *WBD* 还没有注意到。

(原载北京外国语学院《外语教学与研究》1985年第2期)

附　录

利奇和比尔论电脑在英语研究中的作用

利奇和比尔（Geoffrey Leech 和 Andrew Beale）在英国《语言教学》(Language Teaching)杂志1984年7月号发表了一篇文章，名为"电脑在英语研究中的作用"（Computers in English Language Research）。这篇由专款资助写成的调查报告，材料充实，文字简括，议论平实，对于中国的英语研究者和汉语研究者都有参考价值，摘要如下。

作者一开头就讲清楚，他们的文章有两个限制：一是只谈近代英语研究，不谈古英语和中古英语研究；二是所谓英语研究，目的在于借助电脑来找到可靠的英语描写性知识，而不是利用英语数据来达到其他目的。

一、电脑在英语研究中能有什么贡献？

电脑是所谓"能思维的机器"，它能对输入的符号（文字和数字）进行智能性操作。这种操作可能是逻辑性的，也可能是数字性的。有人认为，后者其实是"非智能性"操作，例如从输入电脑的、文本（text）中挑出单词，编成词汇索引（条件是这些文字有机读性[machine-readable]，即电脑读得懂）；前者才是"智能性"操作，例如用机器来翻译文章。现在还没有机器能像一个熟练的翻译家那样干活，但是，翻译机器在市面上却已有销路了。

用电脑进行英语研究，其性质多数是介乎"智能性"和"非智能性"操作之间。因此，最好不用"人工智能"这个含义复杂的字眼，而只着眼于人脑与电脑的差别，看什么工作电脑比人脑干得好，什么工作人脑比电脑来得强。这样,对于电脑在英语研究中的作用,我们就能脚踏实地地加以评价,同时又不会忘记,在今天技术迅速进步的情况下,现状不久会大起变化的。

比之人脑,电脑显然有这些优点:处理语言材料十分迅速;存储量极大;记忆极牢;检索和输送出来的大量数据又极准确。比之电脑,人脑有这些长处:操纵视觉输入和听觉输入的材料十分有效;具有远为丰富的知识和更高强的推理能力;而且语言有某些方面要用模拟型操作来处理,这也只有人脑才能处理得妥善完满,数字计算机可只能回答是非问题。

二、能用电脑检索的语言数据,数量有多大?

我们首先想到的是,在英语研究中,到底有多少"语言数据"(data,即可作根据的语言材料,并不限于数字)具有"机读性",能用电脑来检索?

直到1984年,把资料输入电脑还是个困难问题,因为这种工作进行得非常慢,又易于出错。实际上,多数是用人工按键输入的。近来光学字符阅读器(optical character reader)已有改进,能把普通印刷品读进电脑,但是还有若干问题没有解决。

将来还有别的办法把机读文本大大增加,比如:(1)用电脑排印书报,制成缩微胶片(microfiches);(2)增加用于情报检索的自然语言数据库(databases);(3)用语词处理器代替手按打字机。不过这些办法虽则理论上能把机读文本无限量地增加,但是由于有产权、版权和保密工作等要求,要利用这些资料还是困难重重的。

此外还有个限制,这就是现在已有的那些机读文本都是经过编辑加工的书面语。由于自动的言语识别和言语分析的技术还很幼稚,把口语输入电脑仍是困难的。目前那些电脑存储的口语资料,都是先用人工转写为书面形式,这才输入的。

三、1984年已有多少个电脑英语语料库?

收集一些语言材料以供研究,这叫做语料库(corpus)。有手工语料库(manual corpus),也有电脑语料库。手工语料库是写在纸上或编档卡片上的东西,不存入电脑,因此没有机读性。过去研究人员一般用这种手工语料库,例如伦敦大学的《英语惯用法调查纪录》(*The Survey of English Usage*, 1960)就属于此类。

把语料库存进电脑,使它具有机读性,这有许多好处:可以自动处理;可以自动检索;还可以转录在磁带上,送到世界各地以供研究。

第一个机读语料库是布朗语料库(The Brown Corpus),那是美国布朗大学 1964 年编成的,内容是美国书面英语,有 500 篇样板文章,每篇 2 000 来词。与布朗语料库媲美的是 LOB 语料库(The LOB Corpus),那是英国兰开斯特、挪威奥斯陆、荷兰贝尔根三个大学 1978 年共同编成的,内容是英国书面英语。此外还有列文戏剧语料库(The Leuven Drama Corpus, 1975),伦敦—隆德语料库(The London-Lund Corpus, 1982 年由英国伦敦大学和瑞典隆德大学合编),伯明翰英语文本库(The Birmingham Collection of English Text, 1984,有书面材料 6 000 000 词和口语材料 1 300 000 词)。最后这个文本库,只是伯明翰大学机读文献大档的一部分,那个大档共有 12 000 000 词。

语料库要有多大才有用呢?如果是从事词汇分析,那至少要有 10 000 000 词。如果搞句法分析,像布朗和 LOB 语料库那样有 1 000 000 词就大致够用了。要是分析重音、语调和其他节律特征,1984 年只有伦敦—隆德这么一个语料库可用,它所收录的单词不过 435 000 个,可是记录得精密而准确。

可惜的是,语料库编纂者由于受到版权和其他限制,并不能随便把它输送给别人使用。只有布朗和 LOB 这两个语料库易得,要使用它,附带条件不多。

以上所说是一般性语料库。此外还有专用英语语料库,这可能在英语教学上,尤其是在科技英语教学上大起作用。杨惠中在上海交通大学所编的 JDEST 语料库,是个开路先锋。英国伯明翰大学也有个为外语教学编成的语料库,名为 TEFL 副语料库(The TEFL side corpus),其中所存都是英语教学材料,可供教外国人的老师使用。

四、利用语料库能进行什么研究,编成什么出版物?

这可以分为两类:一是编单词索引和词汇频率表,二是进行基于电脑语料库的各种研究。

先谈第一项。我们可以用电脑直接编成连带上下文的关键词索引(KWIC concordance),这是把语料库中每一个关键词都连同上下文印成一行,有一万个关键词就有一万行。这样的索引篇幅太多,一般不印成书本,只制成缩微胶片或磁带。我们也可以用电脑直接编词汇频率表,按字母顺序或者频率高低排列。这有各种用处,比如把布朗语料库词频表和 LOB 语料库词频表比较一下,就知道英国英语和美国英语在习惯用法上距离多远了。此外用统计方法也可以分析文体特征,弄清词汇分布情况和句子长度等等。当然,这一类的研究都受到存入电脑的文本的数量和种类的限制——数量少,种类少,结论就价值不大了。

第二类工作与第一类不同。电脑不直接制成产品,只提供原料,由研究者运用自己的知识、经验、智能去加以分析。由于电脑语料都预先分好类,因此可以自动检索所需的材料,检索出来之后,人再加以研究,比如 J. Coates 那样,研究情态结构在各种不同文体中有哪些不同用法(1983)。凡是读过 Coates 的书的人,都知道其深入细致远过于英国人只凭语言直觉来进行的研究。在瑞典、挪威、荷兰各国,这种机助研究效果很大,例如 Fjelkestan-Nils-son 比较 also 和 too 的频率(1983),Stenström 研究口头禅(discourse tags, 1984),Meijs 研究省略语(1984),都很有成绩。瑞典有人搞一项研究叫做 ETOS,其目的是弄清英语书面语和口语在语法和其他方面的特征到底是什么。

五、电脑如何对英语语料库进行处理?

要研究不同文体的语法特征,就要有抽取这些语法特征的手段,好比要编单词索引,就要有抽取单词的手段那样。但是语法特征比单词高一级,它是抽象的东西。把文本按原状存入电脑,如不加标记,那只能检索出一个个单词来;至于什么"名词词组"、"进行时态"、"状语子句"之类,那可检索不出。如果想要检索这些,必得先对电脑语料加以标引(tagging),即注上某词是名词,某一串单词是名词词组,等等。

经过这样加标,语料库的内容就丰富起来了。标引工作可以由人来做,也可以由电脑自动来做,更常见的是二者并用,以人工补机器之不足。布朗语料库的语法标引是人工做的,单词标引可是由电脑先做(LOB 语料库的单词标引也是由电脑先做),再由人来加工。伦敦—隆德语料库的分析工作是这样进行的:一个人坐在终端位置上,看电脑做出了什么决定,再加以调整。

事实上,就算是低级的语法分析(如标上词类),也很难指望电脑来单独操作。所以,如今人们已不再想有什么百分之百的机器自动分析,而只想减少人脑加工的程度了。Greene 和 Rubin 1971 年着手实施的 TAGGIT 计划(The TAGGIT Program),事前要对布朗语料库编辑加工(去掉外来词、外来语),事后又要再加工(有 22% 的词意义不明,必须由人来决定)。1980—1983 年,兰开斯特、奥斯陆、贝尔根三大学对 LOB 语料库也进行了单词标引,但是电脑自动操作的准确率已大大提高,达到 96%,那是因为使用了 TAGGIT 的方法,并把它所做出的标引文本再加标引。

就是标引单词吧,在英语也特别困难,因为词的形态特征很少,难以从词形看出类别来。比如 Norman urged her to cut down on smoking 这么一句,每个词都可能归入两类或三类。如 Norman 是形容词或名词,urged 是动词过去式或过去分词,her 是宾格代词或物主代词,down 是副词、形容词或名词,等等。以上种种,要是想给电脑安排个程序来自动识别,大非易事。可是标引整个语料库,只要能像 TAGGIT 计划那样有 77%—78% 的准确率,也就能大大节省时间,而且分析方法始终一贯,远为人工分析所不及。

决定单词的词类,一部分要依靠上下文。比如 in the light of 这个词组,light 前有冠词,后有介词,必是一个名词。LOB 的标引工作,利用了连续几次标引的成果,现在希望能把准确率从 96% 再提高到 98%。

语料库经过语法标引,就有种种用途,能编成种种出版物。布朗语料库的词汇频率表现在已经"词类化"(lemmatized),这就是说,把 love, loves, loved, loving 合为一个动词词项,把 love, loves 合为一个名词词项。这样的词类化频率表,对词典编纂大有用处。

除凭单词标引指明词类外,还可以对语料库进行高一级的标引,从而取得更抽象的语言知识。这有自动的句法分析、语义分析、词语搭配分析等等。语料经过适当的标引，就能检索出其中的词组、谓语、子句等等，因而可以分析出这些结构的复杂程度；也能检索出其中的情态结构和被动结构，因而知道这些结构在各种不同文体中的频率高低。

这里要说一说电脑语料库、电脑语言数据库和一般语言数据库关系。电脑语料库可以看成一个语言数据库，它能提供关于语言的知识，已有单词标引的语料库尤其如此。但是严格说来，一本普通的词典，语法书或其他有系统、能提供语言知识的书，也可以看成语言数据库，例如《龙门当代英语词典》(*The Longman Dictionary of Contemporary English*)和《柯林斯英语词典》(*The Collins English Dictionary*，这两部词典都有机读缩微胶片)和一般的传统形式的书，也都可以认为是语言数据库。不过，比之一般书籍，存入电脑的语言数据自有其特长，那就是能按规定程序做多种用途。一本普通词典只是词典，但是一个电脑语言数据库既可以做普通词典用，又可以作类语词典(thesaurus)用，那就强得多了。

电脑语料库和电脑语言数据库能相互补充。语料库提供输入数据库的材料，数据库对语料库进行标引和分析。比方先存入一本词典，其中标出哪个词是名词，哪个词是动词，以后再输入别的材料。如果要给后来存入的语料加上标引，由于有这本词典帮忙，那就容易得多了。

六、什么是计算语言学？

计算语言学一般指用电脑来对自然语言进行研究，其重点是寻求普遍适用的语言模型，而非只是描写英语的模型。但是二者不易区分，因为所谓"自然语言处理"(natural language processing)，多数实际上只是处理英语而已。所以，自然语言处理对英语研究也有其用处。但是应当看到，这用处是有限的，因为计算语言学家所探测的范围有限，所研究的语言样本也有限。这一切可以从 T. Winograd 的著作《自然语言理解》(*Understanding Natural Language*, 1972)看出。这本书还让我们知道，计算语言学与人工智能研究大有合流之势。

计算语言学要把语言样本输入电脑,进行自动分析,又要自动生成语言样本,把它输出。80年代用力最多的是析句法(parsing,即句法辨识和分析),但是语义处理、语音处理也是重点。把言语输入电脑,让它自动听懂,这是"言语辨识"(speech recognition),80年代成绩不大,因为能辨识的词汇量极小,并且刚刚试验如何听懂连续性口语。让电脑生成言语,这是"言语合成"(speech synthesis),比言语识别成绩大些,已经有机器能在电话机上回答问题,或者将书面文字变为大致可以接受的口语,把它输出。这两种机器,市场上都可以买到。

七、电脑在语言研究中有什么实际用处?

这有如下几种:

一个最直接的用处已在上文讲过,那就是编词典。

在教学方面,电脑的用处也很多。我们可以想见,将来能用电脑给学习材料按难易分等级,能把一篇文章改写为简易读物,当然更能进行语言测试。等到廉价的微电脑出现以后,机助语言学习(computer-assisted learning)就将大大发展。如果电脑网络增加,大功率微电脑也增加,就能把文本处理(text-processing)与课堂教学挂上钩了。

所谓语词处理(word-processing),现在只是一种文本处理,即起稿,改稿,存储文稿。这些只以字符为基础,没有用上更高级的自然语言分析。可是现在已有装配拼写审校器(spelling checker)的软件包,能发现并改正拼写错误,还可以审阅文稿,看语法对不对,语言习惯合不合。也已有人试制分析句法、评估文章的电脑,但对于外国的英语学习者是否真的有用,这要将来才知道。

机助翻译(machine-aided translation)的研究工作,现在耗费了大量人力物力。完全自动的机器翻译不可能,可是一个人运用语词处理器,接上一些语言数据库(如自动化词典或术语库)来进行机助翻译,这是有广阔前景的。

情报检索(information retrieval)是用电脑从数据库(所存的是文本材料,以自然语言形式存入)索取情报。已有电脑能做自动文摘

(automatic abstracting),也有能解答人们所提问题的机器。

研制智能电脑系统(intelligent computer systems)是个长期目标：希望能制成那样一种机器，能模拟人的心智特征，因为它有极大的知识数据库，又能与感觉性输入和运动性输出相联系，等等。这样的机器必须能用一种自然语言(如英语)来与使用者交流思想。今后10年、20年内，这方面也许有最激动人心的发展。

（原载《语文现代化》1989年第9期）

谈谈机器翻译

机器翻译已经进展到了什么程度？它能做什么，不能做什么？有多少商号、企业、政府机关正在使用它？效果如何？在世界上什么地方它发展最快？朝什么方向发展？

以上这些是一系列有兴趣的问题。关心这些问题的固然有语言学家和计算机工程师，可是更多的还是商人、企业家、军事人员、行政人员、特工人员、航天事业的主持人和工作人员。

对于这些问题，Joyce Heard 在 1985 年 9 月发表的一份报告里已经作了比较全面而清楚的回答。

两种相反的估计

1966 年，美国科学基金会（The National Science Foundation）发表了一份影响很大的报告。在这份报告里，它斩钉截铁地说，机器翻译，或者机助翻译，是不可能的。

1985 年，美国航空航天局（The National Aeronautics and Space Administration）翻译科主任 Timothy J. Rowe 说："机助翻译是明天就要掀起的浪潮，这一点已毫无疑问了。"

在短短的 20 年间，美国科学界对机器翻译的估计来了一个一百八十度的转变，这是为什么呢？

条件、动力、优点和缺点

科学家的判断是以已经认识到的事实为基础的。客观情况变了，认识能力提高了，判断就要改变。

截至1966年为止,机器翻译虽然已搞了20年,可是成绩微乎其微。在那个时候,谁也意想不到电子计算机在60年代特别是70年代能有那么惊人的发展,因此美国科学基金会作出了错误的预测。第四代计算机问世,这是机器翻译重新抬头的重要条件。

但是促使机器翻译迅速进展的是客观需要,这是一股非常强大的动力。据Heard估计,全世界要翻译的书报文件非常之多,只在1985年已有高达两百亿美元的翻译劳务市场,而且由于各国贸易往来日见其多,每年还增加15%。一方面,有许许多多的客户雇主;一方面,研制翻译机器又是有利可图的事业。前有引力,后有压力,企业家热心此道是不难理解的。

翻译机器的最大神通是高速度——而且一天天提高。据Heard说,在1985年,即使是并非最先进的韦德纳(Weidner)牌微型机,每小时也能译出1 500至2 000个词来。人工翻译与它相比,自然瞠乎其后。

由于工作速度高,机器翻译非但省时间,也省劳力,省费用。在讲究经济效益的今天,这自然又是一个大优点。

但是想搞这样的翻译先要有机器,是什么规模的机器才合用呢?如果必须有价格高昂的巨型主机,有资格搞它的人就为数不多了。好在现在的翻译软件已能用于个人计算机和微型计算机。

设备费减少,用户自然相应增加。

翻译需要量大,机器工作速度高,操作费用省,设备购置费也不太大——这些是促进机器翻译的四股力量,而需要量大尤其重要。可是有一个大难关——译文欠准确。译前,编辑人员要对原文加工;译后,还要花不少精力去校改译稿。

机器能代替人吗?

翻译机器目前正在急速发展,这个趋势是明显的。可是它是否真的前程无量呢?

翻译机在处理文字和口语方面真的能变成完美无缺的桥梁吗?许多人认为,机器究竟是机器,翻译工作它能做一部分,可是很难希望它整个包办起来。韦德纳公司的Garette早就说:"翻译机器代替不了人。它只是译者所用的工具。有了机器,译者的生产率就能提高四至八倍了。"

1988年,英国 Peter Newmark 发表文章,认为翻译使用机器,非但是可能的,而且是必需的。机器不是人的对手,而是人的助手。语言越程式化,机器翻译就越易进行,一首诗不能用机器来翻译,一篇创造性作品也不行。但是有许多商贸和科技文件不能不用机器来翻译,因为它虽不完善,但只要加点工就行。这样省工省费,有什么不好?

(原载《国外语言学》1987年第2期)

关于中国的英语教学和研究

本文所谈的不是笔者个人的意见,而是中山大学外语系二十位老、中、青英语教师的意见,还吸收了广州外国语学院、华南师范学院和暨南大学部分英语教师的意见。但是这些意见是笔者整理的,在详略轻重之间必然考虑不周,这应由笔者负责。

我们本来只想谈英语教学工作和研究工作,可是这些工作做得好不好,有其政治的和经济的原因,这一点不能不首先指出。大家知道,过去左倾路线长期肆虐,如今还流毒未清;全国教育经费太少;大学、中学外语教学设备太差;多年来英语人才不断外流;各级教师绝大多数工资太低;许多外语工作者使用不当,未能人尽其才。所有这些,都对英语教学和研究有严重的不良影响。文化、教育和科学研究要有适当的土壤和肥料才能开花结果,这些条件目前还远远没有具备。但是三年来大局已经显著好转,我们要大力争取工作条件的继续改善,以便做出较大的成绩。

如果问,中国现在的外语工作(包括英语工作)在哪些方面比"文化大革命"前有起色,我们想谁都会看到,三年来各高等院校、研究所和出版机关所办的有关外语的刊物比先前大大增加了,所发表的文章比1966年前多了几倍了。由于各方的不断呼吁,英语教材、词典、参考书也陆续出版,虽然种类、质量等方面还没有满足大家的要求,在总数量上也不如1966年。此外,据我们的有限见闻,还有这么一些新发展:(1)少数院校办了科技外语系;(2)许多院校招收了外语研究生;(3)某些院校建立了语言实验室,有了初步的视听教学设备;(4)不少院校请到了或增添了外籍教师;(5)请外国专家来中国讲学,在北京、上海、广州和其他地方办了若干期的教师短训班或进修班;(6) 建立了若干个语言中心,培训出国留学的科技人员;(7) 开办了电视大学和英语教学广播;(8) 召开了一些大型、中型讨论会或座谈会,如1978年的教材会议,1979年的黑龙江外语学会年会和在上海召开的科技英语座谈会,1980年在上海召开的公共英语教材审查会、在杭州召开的英国文学史教材审查会、在广州召开的应用语言学和英语教学讨论会、在烟台召开的英语教学计划讨论会、在青岛召开的外语教材编审会;(9) 在教育部的领导下,成立了英语测验试题小组,为举行出国留学生英语考试和全国大学生英语统考做了认真的准备工作。

另一方面,我们还痛心地看到:自50年代以来,政治运动一个接一个,反右,批"白专",批"文学道路",批"资产阶级思想",往往不分青红皂白,乱打一气,扼杀了研究工作的积极性和教学工作的创造性。在十年浩劫中,我们的教授专家有的被整死了;有的藏书存稿被抄走了;有的因为被歧视、受委屈,不得不申请出国;有的被迫改行做与英语无关的事情;有的大好时光被耽误,如今已经变成了颤巍巍的老人,再也干不了什么工作了。聪明有为的中年人得不到应有的培养提高,工作多,报酬少,生活负担重;大有希望的青年人得不到应有的专业训练,应付教学工作相当吃力,要购置书报又买不起。这些严重惨痛的长期创伤,不是短期内能够治好的,但是经过追肥培土,老树会再放新花,幼苗会茁壮地成长,这一点我们目前已经有了信心。

下头分几个题目,谈谈我们对三年来英语教学与研究的看法。

中小学英语教学

学外语应该从什么时候开始?过去以为年龄越小越好,但是据近年来外国学者的研究,从十二岁开始最合乎经济原则。我们认为,小学缺乏外语师资,除个别有条件的重点小学外,不必开外语课,还是从初中开始较为现实。

新中国成立前一般中学生都注意"国、英、算",因而英语基础较好。现在许多人进了大学才学 ABC,比较好的也只从750个单词开始,我们不得不把小学、中学、大学课程都挤在大学里教,这好比把早、午、晚三顿饭都放在下午六点吃,自然吃不下。搞好中学英语教学,是办好高等学校各系的前提之一。

中学英语教学有些什么问题呢?除上文已经提到的教学设备差,教师工资低之外,我们看主要有三个问题:

(1) 师资水平低,而且严重缺乏。乡村地区的中学缺英语教师,这不用说了,就是大城市(如广州市),中学教师也有半数只是中学毕业生,并没有受过进一步的训练。广州重点中学执信中学算是较好的,全校有英语教师 19 人,但是其中大学英语专业毕业生只有 3 人,此外有非英语专业的大学毕业生 6 人,大专英语科毕业生 1 人,中专英语科毕业生 9 人。重点中学尚且如此,其他中学可想而知。1979 年美国 J. Ronayne Cowan 等四位教授到苏州一所中学听课,发现有个教师是这样教学生的:I/riyd/the book today. I/riyed/the book yesterday.① 连最基本的英语语法、语音知识都没有。

(2) 教材缺点多。1979 年中国已有全国性的中学英语计划草案,还有试用的统一课本。据看过这个课本的人说,其中有两个缺点:一是以语法为纲,课文围绕选定的语法项目编写,语言很不自然。例如第二册 A Geography Lesson 那一课,每句话都用现在进行时态。这是教语法,不是教学生按正常方式说话。二是练习主要要求复述、回答和改错,不是有意义地运用所学过的语言材料,学得不活。

(3) 中学生不重视英语。高等学校入学试,英语成绩只把 30% 算进总分数。许多中学生认为,与其花时间学英语,考得 80 分也只得 24 分,不如多搞点数理化,得 1 分就是 1 分。至于不打算考高等学校的中学生,当然更觉得学外语是浪费精力。

中学英语教学成绩如何,可以从高等学校入学试卷看出。1980 年中山大学招收新生,理科各系共招 676 人,其中英语不及格的占 71.75%(零分至 29 分的占 22.78%),及格的只占 28.25%;文科各系(外语系除外)更差,在 379 名新生中,不及格的占 93.94%(零分至 29 分的占 68.07%),及格的只占 6.06%。南宁师范学院 1980 年语文系和政治系共招收新生 120 人,英语成绩及格的一个也没有;零分至 29 分的 112 人,占 90.33%;30—59 分的共 8 人,占 9.67%。但是 1980 年的考试成绩,比 1978、1979 年已略高一些,可见只要认真地抓,前途是有希望的。

怎么改进中学英语教学,我们提几点意见供参考:

(1) 从学习教学理论入手,另定编辑方针和体例,修订和编写中学英语教材。

(2) 大力培养师资。除一般师范学院外,似可办若干所外语师范学院、外语师范学校和二至三年制英语专修科。已在中学任教而水平不够的,分期分批进教师进修学院学习;不能脱产的,可由学校当局组织他们通过电视或广播学习,并定期考试,不及格的改任其他工作。

(3) 把合格的英语师资集中,先搞好若干所中学的英语教学,准备以后逐步铺开。没有师资的暂时不开英语课,以免滥竽充数,把学生教坏了,养成不良的语言习惯。这比不开英语课后果更为严重。

(4) 在重点大学入学试总分中,外语分数应计算百分之百。对于不开英语课的中学的毕业生,一般高等学校可在入学试中计算外语成绩30%—50%,甚至索性免考,但是重点大学招生应有更严格的标准。

高等学校公共英语课

高等学校公共英语课面对最大多数的在校学生,其责任是帮助未来的社会科学和自然科学研究者、未来的各种科技人员阅读外国出版的英语资料,利用人家的最新成果,可是也跟中学英语教学有同样的困难:师资少而弱,教材不成熟,此外还有两个更严重问题:(1) 学生入学水平极低,而且参差不齐(见上文所举的两所高等学校招收新生的例了)。(2) 教师要自编试用教材或补充教材,可是多数院校没有必要的参考资料。

据报载,北京大学文理科各系共有8 000多名学生,可是能担任公共英语课的教师只有40位(其余十几位是老弱病者)。中山大学的公共英语教师,"文化大革命"前在英语专业毕业的只占四分之一,其余是没有受过正规的四至五年制英语训练的。就是正规的英语专业的毕业生,他们的科技知识也很缺乏,教课仍有困难。在中大公共英语教师中,非英语专业毕业生有的比科班出身的还教得好。可见个人努力学习是提高师资水平的重要因素。

中国现在已经试编了三套理科英语教材,四五套工科教材,若干种文科教材。据一些公共英语教师说,这些教材一般有两个缺点:一是缺乏理论指导,编写方针不大明确;二是材料来源不足,内容范围比较狭隘。

编写教材要有一个起点,可是大学新生英语水平很低,彼此差距又很大,从哪里起步走很难决定。中山大学文科各系公共英语课能开320学时,理科只能开280学时。无论从字母学起,还是从750个单词开始,在280—320学时内学到的英语总是极其有限,远远不能比较自由地阅读外国科技文献,当然更不能用英语对话。

国内各高等学校公共英语课现在是怎么教的,成绩如何,没有人发表过全面的调查报告。1979年,北京和上海已经建立了科技英语教学和研究中心,有的院校还成立了或正在筹办科技外语系。1979年6月,在上海召开了科技英语座谈会,有13个省市37所院校代表参加。在座谈会上,有人说,公共英语应该把培养学生的阅读能力放在第一位,但是作为训练手段,听、说、写三项还应占一定的地位;也有人说,一开始就结合专业,实践已经证明是事倍功半,应该先打语言基础,再读科技原本。听说上海交通大学教这门课,以750个单词为起点,还听说华中工学院和上海师范大学新生入学后,先用半年或一年工夫专攻外语,然后学其他学科,但是详情我们不清楚。

关于公共英语课的教材和教法,现在外国已经展开了热烈的讨论。不少人认为,传统的英语教学法,即所谓 EFL(English as a Foreign Language)已经不能适应公共英语课的要求,因而提出"专用英语"(ESP, English for Specific Purposes)和"科技英语"(EST, English for Science and Technology),特别注意其词汇构成、词形构造、句法结构和修辞功能的特点,搞出了一套新教学法。英国 Peter Strevens 说,科技英语应该个别化(individualized)和专用化(specialized),力求适合学习者和所攻专业的需要,以期节省时间,迅速上手,并且合乎实用。近十几年来,英国已经陆续编出了一些 EST 教材,如 *Nucleus* 和 *English in Focus*,中国已有人介绍和研究。这些教材都以新兴的功能教学法为指导原则,照顾到不同的学习者和学习目的,结合专业编写。

我们认为,下列问题有从速考虑解决之必要。

(1) 目前上至教育部,下至各院校领导,很少人充分认识到公共外语课的重要性。教育部从未召开过全国性的科技外语讨论会,各院校领导也有不少人不十分了解掌握外语是引进外国先进科学知识的必经途径,与中国四个现代化息息相关。至于现在公共外语课的教学情况如何,应该怎样改进,更是茫茫然。有英语专业的大学,一般倾向于全神贯注在英语专业那两三百名学生身上,而忘了全校的几千名公共英语学生,这个问题必须注意。

(2) 现在公共英语教师少而弱。如何变少为多,转弱为强,这是领导上应该劳心焦思,力图解决的问题。例如针对有些教师由于训练不够,听说能力不强,应该开办培训班,派外籍教师任教,提供视听教学材料,并进行考试考查;针对有的教师缺乏文理科各专业的知识,应该请有关各系为他们讲专业课或者让他们旁听专业课,以便由仅仅懂得普通英语的教师上升为能结合专业讲课的专门人才。不这样,公共英语师资水平就难以提高,教不好学生,结果是全校学生的专业水平限于读本国那寥寥几本书,难以向先进科学进军。

(3) 现在国外虽有 *Nucleus* 等等科技英语教材,可是那都是给已有一定的基础英语知识的人用的。我们的大学生学公共英语,有的从 ABC 开始,有的只懂得几百个单词,马上用这些书,无异平步登天。有人提出,最好由教育部组织中外专家合编公共英语教材,首先考虑中国的具体需要以及学生的水平,同时吸取外国的新教学理论、编写经验和有用材料。由于公共英语教师有许多人还缺乏必要的教学法知识和文理科专业知识,这些教材还应该配备教师手册或教学指导书,这比让未入门的人暗中摸索要省时间而收效大。

(4) 现在大学生英语起点很低,而且参差不齐。如不按程度分班,水平高的学生被水平低的拖后腿,得不到益处;水平低的跟不上班,同样也得不到益处。如按程度分班,在慢班考 90 分的实际上等于在快班考 40 分,成绩表反映不出真正的语言水平,毕业时难以量才录用。比较好的办法是分最高、高、中、低四个阶段,严格按程度分班,在 280—320 学时全程内,每个学生只修两段。从零开始的修低

(基础)、中(阅读)两段,较好的修中(阅读)、高(听说)两段,最好的修高(听说)、最高(写作)两段,不要笼统地提一会(阅读)或五会(听、说、读、写、译),而要因材施教,让水平低的确实学到一点东西,水平高的能尽快发展,毕业后无须培训就能出国进修。暨南大学的同志建议,高考英语不及格的学生,先补习英语一年,用500学时打语言基础,然后再学其他学科。这个办法与华中工学院和交通大学的有相似之处,值得研究。考虑到取得了初步英语知识还难以直接阅读外国文献,我们还要为修完公共英语课的学生编写大量的浅易科技英语读物,逐步提高他们的阅读能力,不然就会回生,再过两三年就退化为英语文盲,前功尽弃。这一类问题几十年前英国 Michael West 已经提出,我们应该猛省。

(5) 在新教材未编出,或虽已编成试用而未完全成熟的时候,要尽快对各院校供应必需的图书资料,以便自编试用教材或补充教材。目前虽有几个科技教学和研究中心,可是有些资料不出借,也不复制供应各院校,没有充分发挥"中心"的作用,这种情况必须改变。同时,外文书店和各出版社也要为公共英语教学服务,赶快编印或复制各种必需的图书资料。没有后方供应,先头部队是无法前进的。

高等学校英语专业课

英语专业课也跟公共英语课一样,是个笼统的名称。在具体教学上,各院校做法不同,因而专业毕业生的水平有很大的差异。我们没有机会到各地进行调查,只能就一般问题谈谈感想。

依我们看,英语专业有培养目标问题、课程问题、师资问题、教材问题、图书资料问题和视听教学设备问题。对于这些问题,还没听说什么院校已有基本解决的办法,不过北京、上海各院校的情况要好一些。

头一个问题是培养目标问题。作为社会主义国家,我们应当知道为什么办英语专业,需要多少毕业生,要什么样的水平,将来派到哪里工作。可是谁也没有弄清这些问题。各省招生指标往往由省委硬性规定,并不考虑各院校有多少师资设备;学生毕业后也硬性"推销",各部门不愿要人也得要,毕业生不愿干某些事情也得干。据说有的英语专业毕业生在中学教体育,在银行当出纳员,有的甚至管理监狱。这样,学非所用和学不顶用这两种情况都同时存在,其根源在于人才生产的盲目性。

课程设置应当根据培养目标。目标不明确,课程便无法定规。50年代学习苏联,说要培养什么英国语言文学专家,那分明是唱高调。但是现在我们一般只注意在一、二年级打语言基础,至于三、四年级开什么课,1978年教材会议虽已提出个计划,可是还没有听说哪个院校单靠中国教师的力量就能完全照办。1980年在烟台召开会议,有人认为目前的英语专业毕业生还不是大学毕业生,只是大专毕业生,应该除听、说、读、写外,还设法让他们有较广泛的文化修养、较深的专门知识、较高的思维能力,因此提出把教学计划分为两段:一、二年级为低级阶段,专打语言基础;三至四或五年级为高级阶段,采用学分制,分为主修、副修,主修文学的可以副修语言学、人文学科或其他学科。修完了二年级功课,就举行全国统一考试,不达到一定标准,发展前途不大的,作为大专毕业生分配工作。这样汰弱留强,能让为数不多的高年级任课老师集中精神培养出一批优秀人才,比之广种薄收对国家更有益处。此外还要求一切学科都用英语课本,各门课都用英语讲授。

为了进行比较,我们看了一下今天的美国加州大学洛杉矶分校英语系 English as a Second Language Section 的课程。这个 Section 是专为母语不是英语的学生开办的。他们把课程分为 Lower Division 和 Upper Division 两种。Lower Division Courses 有 Intermediate English as a Second Language A, B, C 三门(逐级递升), Oral Communication Skills for Foreign Students, Intermediate Composition for Foreign Students; Upper Division Courses 有 Phonetics for Foreign Students, Advanced Composition for Foreign Students, Introduction to Literature for Foreign Students[②]。看来重点在于语言训练,比较切实,但是培养目标比烟台会议提出的低些。由于他们的培养目标、教师素质、学习环境、教学设备都和我们的不同,这个课程计划看来我们只能参考,不能照抄。

我们不知道国内各院校英语专业师资队伍的详细情况。一般说来,是老教师人数不多,健康情况不好,中年教师十年来没有得到必要的培养提高,能教高年级文学课、语言理论课和写作翻译课的人数不多。何况课程没有完全确定,谁准备开什么课还不知道,图书资料又十分短缺,师资的成长自然更慢。这件事情看来不能再拖了。

教材问题是一个突出问题。现在非但高年级没有大家公认的成熟的教材,低年级也没有。1966年前出版的某些教材有其长处,可是太旧了。"文化大革命"期间所编的教材,自然不适合今天之用。上海外国语学院和北京外国语学院都编出了试用教材,黑龙江大学和广州外国语学院也编成了或正在编若干册试用教材,但是使用效果如何,这会儿还不知道。为了应急,广州有些院校引进了外国教材,如英国的 New Concept English,美国的 English for Today 等等。这些教材有明确的编辑方针,但是编写背景和目的和中国的不同,有的教师还不能很好地掌握其内容,教起来不那么运用自如。English for Today 是为拉丁美洲迁居美国的移民编的,有些地方距离我们的现实生活太远,尤其是第五册。

图书资料的供应是极其紧迫的问题,可是还没有得到应有的注意。进行英语教学,自然要读现代的新报刊、新文学著作和文学评论、新语言学和教学法论著,可是多数院校都非常缺乏这些东西,有的甚至连新词典、新工具也没有。抱残守缺,贩卖古董,这种现象不是个别的。没有新资料却要开新课,这是无米之炊,当然谁也做不到。目前北京、上海、广州各地成立了几个英语教学资料中心,可是供应的资料很有限,有的甚至完全不供应。要买外国书刊,各院校都没有外汇,必须报经中国图书进出口公司(简称"中图")批准,结果往往是要用的书不准买,分配下来的书不顶用。例如我们根据"中图"的介绍,可以买某些作家的评传,可是买不到这些作家本人的作品;又如"中图"近来进口了一大批中学生英语课外读物,分配了几百本给中山大学,中大用不上,只好全部璧还。外文书店复制外国书,种类和数量都极少,订购了也要几年才出版;先前复制过的书有些很有用,可是要隔三五年才重新复制,人们望眼欲穿还是买不到。

关于英语专业,我们的初步意见是:

(1)明确专业培养目标,分工负责。公共英语课教师和科技翻译人员,应由科技英语专业培养;中学英语教师和一部分高等学校英语教师,应由师范院校培养;外事、外贸、旅游的英语工作人员,应由外交部、外贸部、旅游局所属院校培养。至于一般高等院校的英语专业,只培养大学外语系和文科各系的英语教师、英美语言文学研究人员和编辑工作者。分工不明确,课程就无法定。(在青岛会议上,有人提出更细致、更明确的分工,限于篇幅,这里不细说。)

(2)课程设置方面,在1980年烟台会议和青岛会议上,有人提出了一些设想,广州各高等院校多数同志倾向于赞同。看来二年级修完就进行统考,发展前途不大的学生分配工作,有潜力的继续深造,是可取的。采用学分制,开比较大量的选修课,并容许跨系选修,在理论上也很好。可是目前各高等学校高年级英语师资奇缺,1978年教育部拟订的教学计划里那几门语言文学课已经难以一一开出,如要求人文学科都用英语讲授,能做到的更是凤毛麟角。我们认为,应先认真准备开设语言文学课,人文学科除个别院校外语系师资力量特别雄厚外,可到中文、历史、哲学等系先修。有的学科如世界史、欧洲哲学史,自然非读英语书籍不可;有的如中国文学史、中国经济史,应以读中国书为主。但是图书供应必须跟上,不然听完了课没有书读,英语学不好,文、史、哲也学不好。

鉴于目前师资奇缺,同一地区的院校应相互支援,一个教师可以到几个院校讲自己的专长学科,不要搞"小而全",封锁人才,封锁知识。如果把应该大家公用的教师作为附着于一个学校的"长工"看待,那就是封建意识了。

(3)在训练方法方面,新中国成立前中国自办的某些大学和各地的教会大学由于学生入学时英语水平较高,口语和书面语都比较平衡地发展,但是对欧美历史文化一般所知有限,对中国语文、历史所知更少。另一些大学则偏重阅读,忽视口语,因而知识范围虽则较广,口头表达能力却较差。新中国成立后某些外语院校口语训练较好,但是学生阅读量太少,知识面太窄;另外一些院校仍然偏重读书,不注意口语训练;还有某些院校在听、说、读、写各方面都训练不够,没有达到应有的标准。关于英语系毕业生应该达到什么水平,日本近年来曾展开热烈的讨论。平泉涉议员认为外语教学的目的是掌握作为交际工具的活语言,应该少学语法,多学会话,并且不要偏重对古典著作的阅读、理解和分析。渡部升一教授则认为,大学英语学生应该能正确理解供英美学术知识界阅读的散文或文笔细腻的小说,能写通顺的英语文章,也能和英美人进行会话③。我们觉得,就语言方面说,渡部升一所提的标准比较适当,但是还要加上能翻译一项,因为翻译人员是四个现代化所迫切需要的。日本能迅速现代化,就是因为各种资料都有人整理翻译,能很快地送到需要这些资料的人的手里。

(4) 关于师资培养问题,下文将用一节专门讨论,这里暂时不谈。

(5) 教材建设是个急待解决的问题。广州外国语学院的同志认为,在各院校都师资缺乏、高年级课没有完全开出的情况下,要集中一批专家编一、二年级教材,置本校功课于不顾,不会得到普遍的赞同。香港的办法是先拟订好编辑方针和内容大要,再聘请英国某些编教材的专家(如 L. G. Alexander)来编写。我们认为,可以由中国教师自编教材,也可以聘请外国专家与中国专家合作,编出若干种教材推荐给各院校试用,同时鼓励那些有条件的院校自编自用,逐步改进,以免助长依赖性,压抑独创性。

(6) 图书资料问题必须解决。听说现在只有北京图书馆有专用外汇,一般院校买外国书刊,都必须报经中国图书进出口公司批准,统得太死。我们建议各院校都分配专用外汇,至少重点大学要有专用外汇。为了慎重使用外汇,不妨让外国书商在中国开办常设书展或流通部,让大家先看看书刊内容,再决定应否购买。各英语教学资料中心应该成为真正的资料供应处,各出版社也应该大量复制和重印高等院校所需要的英语工具书、参考书和期刊,新华书店更要大量供应国内编写的英语词典、教材和补充读物。现在人人叫苦,教师手里没有几本书,学生更没有书。教材靠打印,花钱多,出货慢,份数少,错误多,十分不上算。

(7) 供应视听教学材料,这也是一个极其重要的问题。有了录音材料,要请的外籍教师人数就相对减少。有了录音机,学生就能随时听到真正的英语,教师在课堂上可放录音,那就多上几节课也不那么辛苦。据香港大学 Robert Lord 教授说,搞大型的、有几十个座位的语言实验室,花钱多,使用效率低,表面好看,实用价值不大。广州外国语学院和中山大学有的教师也说,大实验室时间排不过来,一班每周只能分配到一两个小时,作用很小,不如每个教师发一部录音机,随时使用。这些意见值得研究。

英语研究工作

本文开头谈到,三年来各刊物发表的谈英语和英语教学的文章之多,远过于"文化大革命"前,没有疑问,现在英语研究风气之盛,是空前未有的。一些六十、七十乃至八十高龄的教授专家不服老,正在整理毕生研究的心得;许多中、青年努力钻研,已经写出一批有一定质量的论文。在十年浩劫后,看见这种大地回春、生气蓬勃的景象,实在叫人高兴。

但是我们也看到,在各高等学校的英语教师中,从事研究的还不到三分之一。许多英语教研室教多研少,个别的甚至有教无研。首要原因自然是某些领导不重视,把高等学校当做中学,觉得上课才要紧,科研工作可有可无。甚至在重点大学里,也有人坚持这种看法。殊不知科学研究如果不开展,教学内容就无法更新和充实,只能把旧讲义掸掸土又拿出来。有些能搞科学研究的人,由于十年来长期搁笔,颇有畏难情绪;也有人觉得科研不能计日程功,而且辛辛苦苦搞几个月也赚不到几个稿费,不如打零工,教夜校,多赚点外快。这种情况很不妙,在重点大学中尤其不应有。

从三年来发表的文章看,谈得最多的似乎是这些问题:(1)翻译原则和某些诗句、文句、短语、成语的译法;(2)现代英语中的新词汇、新语法格式和新文风;(3)专业英语和科技英语教学法;(4)英语教学要不要用国际音标,是否可用别的符号代替国际音标;(5)对某些词典加以介绍或评论等等。有人介绍现代语言学的一些流派,如转换语法、法位语法、层次语法;有人讨论语义、风格学、社会语言学、应用语言学的一些问题;有少数人探讨计算语言学和机器翻译问题;有人开始钻研美国英语的特点;有人把汉语和英语进行初步比较;有人对国内外各种新书刊加以评论。还有一点是可喜的:在报刊上展开了自由讨论,思想交锋。讨论和争辩是科学研究不断进展的必然条件,可是从50年代直到1977年,长官意志有无上威严,不允许这样做。现在总算有了值得庆幸的好开端了。

对几年来的英语研究工作来个总评价,这个任务我们担当不起,也不打算这样做。我们翻看近来出版的论著,只有一个模糊的印象:有少数是水平很高,有第一手材料,有独特见解的。但是一般说来,是摘取书本上现成材料的多,自己发掘的少;谈个别现象的多,概括论述的少;介绍性的多,评论性的少;泛泛谈论的多,根据自己的长期观察和经验,有事实、有数据、有理论分析的少。由此可见,我们的研究工作只是春苗初长,还不是硕果满园。

以教学法而论,不少人教书教了一辈子,可是有几个人系统总结过自己的心得和经验呢?我们编了许多教材,有的比较成功,有的不那么满意,可是成功在哪里,缺点在哪里,很少人能说得出。至于学生的学习方法、学习效果,老师能够根据具体事实,讲出一番道理的更是寥寥可数了。

有些人从50年代起就使用听说教学法,可是它的长短优劣,没有看见什么文章深入讨论过。我们建立了一些语言实验室,可是怎样才能最大限度地加以利用,认真考虑的人似乎不多。我们办了广播教学和电视教学,可是只管播种,不问收获,到底有多少人收听收看,获得了多少实际效果,没有几个人知道。我们的中学英语课是大班教的,高等学校的公共英语课也有不少是大班教的,可是如何搞好大班教学,这个问题很少人关心。我们有大量的干部、技术人员和社会青年学英语,他们都是成年人,而且多半是业余学习,我们曾否从他们的特点出发,想出些好办法来帮助他们呢?高等学校公共英语课的学生,由于入学水平低,教学时数少,学得不扎实、不巩固,又有多少人努力编写浅易科技读物,让他们继续提高阅读能力呢?

现在国内流行的英语语法只是仿照苏联教材编的,可是对于过去曾压倒一切的苏联教材的优缺点,很少人发表过评论。有人不满意苏联教材那一套,转而采用 Randolph Quirk、Geoffery Leech 等人的语法体系,这是值得欢迎的革新,不过对于伦敦学派的基础理论,我们恐怕还要下一番工夫才能摸透。

主要由于苏联教材的影响,我们的语音教学一向以 Received

Pronunciation 为准,对于 Daniel Jones、A. C. Gimson 的语音理论,有些人是比较熟悉的。可是美国是超级大国,它在政治、经济、科技各方面远远压倒了英国,从实际需要着想,对于美国语音,对于 Arthur J. Bronstein、Kenneth Pike、Peter Ladefoged 的著作,恐怕也要花点时间搞一搞。当然,美国英语的词汇、语法以致文风特点也要研究,并不限于语音。

无论教师和学生,都急需好的英汉词典和汉英词典。据我们所知,若干院校,如复旦、厦门、四川、武汉各大学,北外、广外各学院,已先后编大小不等、性质不同的词典和词汇,其中有的已经出版,有的尚未付印,有的在编纂中。我们高兴地看到北外《汉英词典》的出版,它虽然有待改进,但在取材和释义方面已有超过 R. H. Matthews 和林语堂之处。我们也欢迎《新英汉词典》的出版,可是这书词目只有五万多条,又是 1974 年编成的,无论在思想内容、材料选择,还是释义举例各方面,都应该修订补充。我们还希望,在不久的将来能看到一部有十五万条词目的英汉词典,也希望有人编同义词典和搭配词典。

据初步了解,汉英对译已有一些可用的教材问世。英国文学史和英语史也有人正在编写。但是在英语语言学、英语史、语音学、语法学、语义学、词汇学、词典学、英美文学史、文艺批评史、古代和当代英美著名作家研究各方面,我们还看不到已出版的专门著作。如果有人能在汉英对比方面认真地下工夫,写出一本专书,像 William G. Moulton 对比英语和德语,Robert P. Stockwell 对比英语和西班牙语那样,那将受到广大英语教师和翻译工作者的欢迎。

顺便提一下,河南某校出版的《英国文学简史》,有人拿它和某一苏联教材比较一下,觉得有些章节的内容和文字竟如出一手。我们希望这只是偶然的巧合。

培养师资、聘请外籍教师和领导工作

要提高英语教学质量,最重要的是想出切实的方法来提高师资水平。师资水平不提高,无论采用什么学分制,计算什么工作量,制订什么教学计划,安排什么课程,提出什么培养目标,都不过做表面文章,无济于事。

培养提高师资有四种办法:(1)边教学,边提高。(2)办研究生班。(3)办短至几周,长至半年、一年的进修班。(4)派出国留学生。

人所共知,第一种是主要办法。应该采取切实有效的措施来提高现有师资,包括请专家指导,供应必要的图书资料,开办读书班、讨论班,进行听说训练和写作训练等等。

研究生班有许多地方院校已经办了。应该总结并交流经验,交换教材,展示学习成果,以便逐步明确前进的方向。这方面的工作,现在除个别院校外,还没有提到日程上来。

出国留学生花钱多,脱产时间长,只能适用于少数教师。从广州一些院校近几年的经验看来,派遣留学生的效果不显著。主要原因似乎是:(1)过去在"极左路线"影响下,挑选留学生不看业务能力。(2)在留学生出国前,一方面,教育部不知道外国大学能给他们作出什么样的安排,也不了解派出单位需要培养什么样的人才,准备以后怎么使用,只要对方接受,就欣然遣送;另一方面,派出单位也准备不充分,留学生自己目的不明确,因而出国后跟班被动地学习,不是缺啥补啥,好像进饭馆吃和菜,没吃到自己所需要的东西。再说,留学生津贴太少,买不了几本书,虽然听课记笔记,回国后手头书本太少,也很难继续钻研。加州大学助理教授 Perry Link 来中山大学深造,研究我国当代文学,一年就搞到了大量的材料。他告诉我们,中国留学生最好不要考什么学位,而应该专攻回国后要开的一两门课,搞切实有用的窄而深的研究。这是经验之谈,值得借鉴。听说驻加拿大使馆某同志也说,理科留学生要考学位,文科的应学好要开的课,不必考学位,这也很有见识。

短期培训班或进修班,北京、上海、广州都办过,讲课的是中国特邀或外国派来的专家。到过北京、上海的有的确是专家,如 Geoffery Leech 等。到过广州的有的虽然只是讲师,可是课讲得很好,如 Timothy Francis Johns 和 Patricia Mugglestone,学员们都说得益不浅。可是也有些虽然是教授、副教授,却并不是什么专家,讲课不过搬用书本上的现成材料,并没有自己的心得创见。

除上述短期来中国讲学的专家外,我们还有相当数量的普通外籍教师,那是由教育部专家局聘请,来中国工作一二年或更长的时间的。根据广州地区各院校的经验,这些人一般是能做教学工作的,少数有真才实学,但是也有部分人不称职。

我们认为,请外籍教师要根据其业务能力和工作经验严格挑选,不能专找所谓"亲华派","只算政治账,不算经济账"。如果确实是有能力的,工资应该提高到国际水平,使他们安心而愉快地工作,并且延长聘期。这样的外籍教师可以为我们培养一批师资,多花几个钱也是上算的。至于那些并无专长的普通大学生,那就以少请为妙。这种外籍老师似乎工资要求不高,其实每年支付给他们每一个人的外汇总有千把块美元,这笔款子已经可以买不少新书,搞一个小规模的阅览室了。

最后,我们不能不提到两点:(1)全国性的外语教学和外语研究的领导有待加强。教育部外语处的人员寥寥可数,希望增添得力干部,并升格为外语司。(2)应该成立全国性的外语学会或英语学会,在交流经验、摸索方向、讨论问题、交换资料方面开辟一条畅通的渠道。有人还建议成立一个外语教学研究所,以便总结我们自己的经验,结合外国的先进理论,搞出一套切实有用、具有中国特色的教学方法来。

注 释

① J. Ronayne Cowan et al., "English Teaching in China: A Recent Survey," *TESOL Quarterly*, Vol.13 (December 1979), P.475.
② *UCLA General Catalogue*, 1979-1980, pp.173-174.
③ 周平:"日本英语教育的一场争论",载《语言学动态》1979年第1期第1—5页。

(原载香港《中英语文教学》1982年第1期)

六个教师和一个用低调子说话的人

一

我在中学二年级的时候,怎么也想不到后来会当英语教师。我的父亲希望我做官;我的曾祖父更希望我做官。我自己呢,大概想当大文豪兼魔术师,因为我爱读姚鼐的《古文辞类纂》、太虚法师的讲演集和中国心灵学会的催眠术讲义。英语这东西,是中学课程中的一科,我得考个65至70分,但是再多就不大可能也没有必要了。

使我对英语发生兴趣的不是英国人,而是阿拉伯人——他们创造了文学名著 The Arabian Nights Entertainments(《天方夜谭》)。对于一个14岁的青年,这本故事集太引人入胜了。

在我们那个中学里,《天方夜谭》是三年级英语科的唯一教材。没有语法书,更没有语音书。在课堂上,老师从头讲到尾,就像广州广播电台讲《西游记》一样。这种做法,今天的英语教学法专家不免嗤之以鼻,可是对我们却有效。这是为什么呢?

我想大概有三个原因:第一,所读故事离奇有趣,调动了学生的积极性。第二,教材中语言素朴,句法简洁。第三,我必须提到麦念勤先生,在英语方面他是我的真正启蒙者。

对于20年代中期的中学生,麦先生是一个不平凡的人物。小白脸,头发梳得光光滑滑的,配上一副金丝眼镜,显得潇洒而高贵。他有点洋派头,可并不爱穿西服,见人也不爱说英语。

按今天的标准,麦先生恐怕不能算是很优秀的教师。他把每一个英语音节都念得清清楚楚,没有轻重之分。他讲语法显然讲得太少,不然我就用不着自己去苦读《纳氏文法》第三册。他从来没有讲同义词,所以我当时以为清真教的 genie 就是基督教的 devil,也就是佛教的"魔王"。

但是他有他的长处。他是个十分热心的讲课者。他人虽不高,嗓音可很响亮。他讲课时显然自己觉得饶有兴趣,所以越讲越精神,越讲越眉飞色舞。每个英语句子,他都译成流利的汉语,听起来毫不费劲。我本来想说他的教学法是"语法·翻译法",可是细想起来,语法他也没讲多少,恐怕只能叫做"翻译法"吧?

"翻译法"——单纯的"翻译法"——在教学上能用吗?许多人会问。我不认为这是没有缺点的方法。可是也有人问过我:"不用翻译法,行吗?"有些补习英语的技术员、工程师常常提出这样的问题:"为什么我们的老师不能把课文译成明白流畅的汉语?为什么他老是在那里枝枝节节地讲单词,讲短语,讲什么主语,什么宾语,可从不直截痛快地告诉我们,一个长句子说的是什么?"

一朵花如果把它擘成七棱八瓣,就再也不是花了。麦先生的办法,也许还有可取之处吧?

二

1928 年,我从家乡的廉州中学毕业,考进了广州中山大学预科。中山大学——我觉得这是个新奇的世界:课室里有电灯(家乡只有煤油灯),化学课有实验,图书馆阅览室里外国杂志很多,还铺上地毯。老师当中,有白发苍苍的老教授,也有西服笔挺的青年留学生,而且除中国人外,还有英国人、美国人、加拿大人。预科许多门功课都用原版英语教本,抱着一摞洋书走到课室去,我觉得挺神气。

只有一样事情不大称心——英语科胡美娟老师的教学法和麦念勤先生不相同,我很不习惯。

胡老师的模样倒挺叫人喜欢。短短的头发,金丝眼镜,闪亮的高跟黑皮鞋,宽袖子的苹果绿旗袍,是一个归国不久的华侨女郎样子。态度沉静而大方,说话时声音柔和,和麦老师的高亢调子成为一个强烈的对照。

我不习惯的头一项,是胡老师从不叫学生的名字,只叫第几号。她可能是把我们当足球队员看待,也可能有意避免记姓名的麻烦。不过,在我看来,我本是王宗炎,这会儿突然变为 No. 16,未免滑稽。

我更不习惯的是,她从来不讲课。从走进课室起,她就不断地向学生发出连珠炮式的问题,No. 8 答不上她问 No. 9,No. 9 答不上她问 No. 10。她那些问题,也不是事前叫人好好准备的,一般是先让你读一段课文,跟着就问这问那。事实上,有许多问题是要 No. 16 答复的。

我心里纳闷:问题都叫学生回答了,老师还干什么?

只是很久以后,我才略略明白胡老师的做法的妙处:跟她学了一年,我就能独立阅读几本书——*Fifty Famous Stories Retold*、*Vital Problems of China*,甚至 Washington Irving 的 *The Sketch Book*。我仍然不懂国际音标;我仍然背不出现在时态动词的定义;但是我具备了阅读浅易英语读物的能力。

胡老师的教学法,我不知道是她自己创造的还是从美国学来的,也不知道是否就是 Arthur R. Ellis 所谓 the problem-solving model,可是显然相当有效。不过,在她以后,我没有见过哪一位英语教师使用同样的方法。那可能是太旧——也可能是太新了。

三

在中山大学预科两年,我听过不少出色的老师的课。容肇祖先生使我对先秦文学和学术思想产生兴趣;陈仲伟先生(他只有一只耳朵)让我感到梁启超和历史研究的魔力;闻宥先生引导我读苏东坡、辛稼轩、纳兰性德的词。但是我怕做中文系、历史系那些训诂考证工作,于是进了英文系。

英文系教师换了好几批,各有特色。有善于讲课的,如史实烂熟的张葆恒;也有善于说明编剧艺术的,如教莎士比亚戏剧的 Mrs. Kunkle。刘奇峰鼓吹唯美主义;黄学勤喜欢希腊悲剧;瘸腿的伍满意兴致勃勃地大讲我不大了解的美国新诗。但是只有一位教授对我影响较大,那是符佑之(W. J. B. Fletcher)先生。

我不知道该怎样去描写符佑之。也许我可以说他是一个浪漫主义者吧。

他是英国人,可是青年时代跟一位中国姑娘结婚。

他懂得中文,并且在商务印书馆出版过两本英译唐诗选。

他本是一个英国的副领事,可是放弃了待遇优厚的外交职务,到广州南武中学教书。

在我所见的外籍教师中,他是生活最清苦的。他从没穿过新衣服,脚上也永远是一双篮球鞋。

在文学方面,他有强烈的爱好,也有强烈的偏见。他喜欢 Rudyard Kipling、Rider Haggard、Alexander Kinglake、Thomas Moore、Charlotte Brontë、Thomas Carlyle。他完全瞧不起 Thomas Hardy,认为 Tess of the D'Urbervilles 只是一章章地模仿 Pamela。他说 Alfred Tennyson 以后英国无诗人。

他的教学法最不值得赞美,因为那是最陈旧、最枯燥的。他把生词一个个写在黑板上,加上注解。他不讲作品的思想内容,也不讨论修辞手法。上他的课,你觉得他仿佛在教小学生。

但是他是最好的作文课老师。在一年级的时候,我虽没有选他的课,他也愿意给我改作业。由于他能写简洁清新的散文,他对学生自然有感染力。在改作文时,每一个词他都掂量过。他能告诉你表面相似的词在什么地方并不相同。上下文不动,他能一下子给你提出两三个可用的同义词。他指引你进一步读书,并且在你的作文本子上抄下他所心爱的许多诗句。别人觉得改文是苦事,他可觉得改文是乐事。

他有不少民俗学知识。他告诉我,西欧妇女戴帽子,原来是为了预防魔鬼藏在自己的头发里边。

他有许多不平凡的见解。有一回我问他是否基督教徒,他说不是。我再问,"为什么不是?"他的回答十分干脆和明确:"你读过《圣经》,就想去读宗教史。可是读过宗教史之后,你就再也不信上帝了。"

像一切抱有不平凡的见解的人一样,符佑之先生是苦恼的。他最后挑选了浪漫主义者的结局——投海自杀。在给中山大学英文系的遗书里,他这样写:

Life is short, but art is long.

四

1938年,我到海关税务专门学校内勤班当学员。海关这地方,早先我是不愿去的。第一,海关是"国中之国",洋人当权。第二,我的计算能力很差,可是在海关里你要天天跟算盘、账本打交道。但是海关对于失业的大学生是有吸引力的。那里有金饭碗,报酬特别优厚;它还有铁饭碗,只要你规规矩矩,一辈子不愁被开除。

从家乡来到上海法租界麦琪路税务专门学校(上海市已经沦陷,租界是"孤岛"),我接触到了各式各样的教师。粗野诙谐的白俄Anderson教体育,拘谨稳重的意大利人Antonio教军操,说话结结巴巴的英国人Fewkes教验估学,年轻貌美的美国人Emily Hahn教英文公牍写作(她爱抽大雪茄,上课时常常打盹)。中国教师倒一般不错:教务长梅其驹说英语口若悬河,李博士(记不得他的名字)讲经济学讲得很熟练,任锦祥谈缉私工作也具体而生动。

由于对历史有兴趣,我特别喜欢张似旭(Samuel Chang)的中西关系史课。他是东吴大学毕业生,英语流利,听说在国民党外交部当过什么司长。年纪不过四十来岁,中等身材,圆眼镜后面闪动着孩子气的眼睛,说话时气度安详,像是一切都胸有成竹。

除当教师外,张先生还在一家保险公司任职,同时又为 *The Shanghai Evening Post*(英文《大美晚报》)写文章。《大美晚报》由美国人Randall Gould主持,同情中国,反对日本侵略。正是因为这,我们佩服张先生,并且为他担心。

"张先生,你不为自己的安全担忧吗?"有人在课堂上问。

"是啊,"张先生用低沉而缓慢的调子回答,"他们觉得我碍眼,寄过一包有毒的苹果给我"。

听到这话,全班学员都紧张起来。

"他们还派人把一只断手送给我,"张先生接着说。

"那么你不害怕吗?"

"我到别的地方住了几个月,避一避风头。后来我就回来了。"在讲这些事时,张先生照样气度安详,就好像谈论别人的事一般。

时间一天天过去,张先生每周按时上课,我们的心渐渐安定下来了。但是几个月后一天晚上,我在《大美晚报》忽然看到一则黑边新闻。再注意看下去,那标题是:张似旭在德国餐馆被人刺杀。主笔 Randall Gould 为他写了悼词,但是不敢公开骂日伪特务,只说下毒手的是 super rats。

如果有人写中国报业史,他应该不忘记一个不太出名的人——张似旭。

五

我是1946年回到中山大学外文系任教的,当时系内教师人数不多。到1948年,外文系忽然热闹起来,因为添了一批南来的教授。不用说,这些人是因为禁不住从延安吹来的强风而避居广州的。后来他们各奔前程。有的回到北方,如俞大纲和吴宓;有的可再走远些,如李祁到了香港,梁实秋到了台湾。

在这一群"南飞雁"当中,我感兴趣的是梁实秋。第一,我读过《新月》派一些作品。第二,他是讲文艺理论的,我那时也正在担任文学概论课。我觉得,教这门课是一个苦差。我搞不通朱光潜的文艺心理学,也弄不懂梁实秋的人文主义。当然,对于蔡仪的新美学和高尔基的社会主义现实主义,我更外行。

我看过梁实秋的"论三一律"、"浪漫的与古典的"等等论文,觉得他有学问,可是学院气太重。我那时也是住在"象牙塔"里边的人,可是我住在最下层,梁先生却住在最上层。他和他的老师 Irving Babbitt 所讲的那一套人文主义,我认为离开水深火热的中国人民太远了。但是他既然来到广州,机不可失,我总得去请教一番。

他住在文明路平山堂。想是由于新来乍到,房间里收拾得不太整齐。人胖胖的,穿一件半旧的灰色袍子,谈起来活泼爽朗,可又带着淡淡的哀愁。

我自然首先提出人文主义。我以为他会进一步发挥他的高见。"你要问国外的文学批评吗?"他摇摇头。"啊哟,对于这些东西,我早已 out of touch 啦。这些年来,我只搞两个题目——杜甫和莎士比亚。"

文学理论不谈,我们改谈时事。前不久,我看过梁实秋的一篇文章叫做"罗隆基论",说此人"识不如学,学不如才"。我料想他会在这个题目上再发表意见。

但是这他一点也不谈,倒是扯到当时的大学生助学金问题上去。他说,"这个问题这里闹得一塌糊涂,倒不如老八那里的办法好。"

他所谓"老八",自然是指中国共产党。这句话出自他的口,我不禁一怔。

"老八的方法怎么样?"我问。

"他们干得公道合理。哪个学生得助学金,得多少,都公布,让大家讨论。不像我们这里暗地搞,争得面红耳赤,不能解决。"

我没有再问下去,可是我心里想,从梁实秋的嘴里听到这样的消息,这样的评论,如果能报道出去,那倒是一个真正的 scoop。

时间一晃过去了三十多年了。我不知道梁实秋现在怎么想,可是从我过去听到的几句话,我觉得对他的见识和性格应该客观地、全面地估量。

六

1954 年夏天一个上午,中山大学三位校长都在办公室。头发灰白的许崇清校长开始看一本新杂志;精力饱满的陈序经副校长研究财务科的报告;胖胖的、惯用低调子说话的冯乃超副校长正在打开盒子,把眼镜拿出来。作为校长办公室的兼任秘书,我照例走到他们跟前,看有什么事情要办。

一个不速之客来了。那是钟一均副教授,政治课教研组的负责人。他皱起眉头报道一项新闻:"听说外语系正在争论苏联教材问题。有人说这种教材的英语不够地道,有人认为这样说是有意捣乱。对于这件事,我们应该怎么看?"

那正是全面学习苏联时期。马里采夫是政府的文教总顾问;凯洛夫的《教育学》是老师们的必读书;普希金以教育专家的资格在全国各地听课,滔滔不绝地发表评论。如果你对新理论不留神学习,你不是反动派也是个老顽固。

苏联教材有没有缺点呢？这个问题当时没听人提过。许校长显然没有考虑过这个问题，他动也不动地坐在那里，不回答钟一均的话。陈副校长似乎吃了一惊，他轻轻地咳了一声，转过头来望着冯乃超。办公室里鸦雀无声，真是掉下一根针也听得见。

为什么外语系关于英语教材的争执要由政治课负责人来向学校领导反映呢？因为这虽是语言问题，可也是政治问题。

外语系使用苏联教材 *College English* 已经一年了。对于它，英语教研组主任骆传芳教授和多数教师一样，是持肯定态度的。但是经过跟爱人夏露德教授（美国人）一起细心阅读以后，他们的结论是，从语言角度看来，个别地方有不完善之处。

这个意见一透露出来，马上引起各式各样的反响。有人点头赞成；有人心里赞成，嘴里不说，可是占上风的是这样一些议论：

——骆传芳的英语能比苏联专家好吗？他满嘴湖北土音，连 moon 都念成[moun]。

——骆传芳是由美国教会豢养长大的，老婆又是美国人。他准是美帝走狗。

——骆传芳夫妇自从由汉口调来以后，就跟广州那些亲美派抱成一团，这里难道没有鬼？

——党号召学习苏联，骆传芳可偏要挑苏联教材的眼。这哪里是讨论什么英语问题，分明是存心跟党唱对台戏嘛！

上面这些话，我也隐隐约约地听到过一些，现在在我的脑子里翻滚着，要求判断，要求解答。跟许崇清、陈序经、钟一均一样，我注视着党委书记兼副校长冯乃超。

冯乃超拿手绢把脸擦 擦，开始用低调子对我们说话了："苏联教材嘛——"他停了一下，"我看嘛——"又停了一下，"也是可以讨论的。"

陈序经脸上露出微笑了。许校长点了点头。钟一均好像找到了丢失的门匙，他满意地转身走出校长办公室。

外语系的争论暂时平息下去了。骆传芳得救了。可是他在劫难逃，三年后，由于某些莫须有的罪名，他终于戴上了"右派"帽子（后来已经摘掉）。

60 年代以后,学习苏联的口号不再高呼了,批评苏联教材当然再也不会有人大惊小怪。但是理智战胜愚昧和偏见是不容易的,讨论苏联教材 College English 的英语这件事到底是不是反革命行为,人们——除了冯乃超——要经过整整十年才弄得清楚。

(原载李良佑等编《外语教育往事谈》,1988,上海)

月是故乡明
——读《傅孝先文集》

在中国台湾和美国,傅孝先教授的朋友大概不多,因为他说了许多可怕的心里话;在这两地,傅孝先教授的同情者和赞赏者应该不少,因为他说了许多可爱的心里话。

请看下面这些话会引起什么反响:

一般人只晓得美国是培养[中国]台湾留学生的温室,却没有注意到美国也是埋葬[中国]台湾人才的坟墓。[《傅孝先文集》,中国友谊出版公司1984年(下同),91页]

笔者不才,在美国教过多年的现代诗,敢说仅有极少的英美诗我不了解,但[中国]台湾的现代诗却有不少是我看不懂的。(208页)

今天整个社会都是一个大教室,所有的会场都是讲坛。校外的知名度远比课堂里的名声要紧。第一等的名教授是不教书的;第二等的名教授呢?是在课堂中能唬住学生的,佳评自然潮涌而来。(105页)

读书据说和智慧有莫大关系,但若智慧不能蜕化为权力(试看社会上这许多可怜的教授们)的话,又有何用?(63页)

请注意,这里所说的"可怜的教授"不是中国的教授,而是美国的。傅教授长期在美国任教,他这话是意味深长的。

教不严,师之惰

在《文集》中,傅先生以三重身份说话:他是英语教师,是文学研究者,又是社会评论家。

一个在中国出生并且在中国长大的人,在美国大学教英语应该不是轻松的工作,可是傅先生关切的,并不是那里的学生要求太高,而是其中有不少人英语水平太低。

对于美国多数大学生的英文程度,傅先生的评语十分干脆(并且有充分根据):"学生语文水平下降,是一个极为普遍的现象。"(177页)"造成这个可悲现象的罪魁祸首是电视。作为大众传播媒介,电视的长处是速度高,覆盖面宽,可是有展示而少评介,观众得到的启迪不多,也来不及自己思索。电视看得多,书报就读得少,写作工夫更下得少。结果是芸芸学生无不视写情书为畏途;假如非写不可的话,每写10个字就有一个拼错"。(179页)

除电视占时间太多外,对于美国的英语教学,傅先生也大摇其头。"美国一般高中不逼学生念名著及写读书报告,一般大学又没有入学考试,像这样的制度怎能维持固有的英文水准?"(180页)他主张反其道而行之。要"逼",要严格要求。这一"逼"逼得好,可以从他在广州中山大学的教学效果看出。1989年下半年,傅先生趁休假之便,来中山大学讲授"现代与当代英美文学"。1990年4月举行民主评分,他自评93分,中国同行给他96.5分,学生给他96.77分。在六位来自国外的英语教师中,他得分最高。

人所难言,我易言之

作为老师,傅先生是严格的;作为文评家,他更一丝不苟。(当然,他的评论是个人意见,有人可能只是部分地同意。)

与一般"新派"学者不同,他在《文集》中没有鼓吹什么现代主义、结构主义;与一般"旧派"学者不同,他没有提倡什么古典主义、浪漫主义。人们觉得,他的议论平实而合理。例如关于新诗问题,他这样说:"故作晦涩是不可原谅的,但要求新诗极端大众化也不是真知灼见。"(208页)"无论诗人如何'高贵',他也没有权命令读者努力爬向他所傲然挺立的千仞孤峰——至少他自己应作某种程度的努力去迎接读者。"(209页)

不难看出,关于英美文学,傅先生是有独特看法的。例如美国诗人 Lucy Larcum(1824—1893)的诗作《种树》,傅先生指出它"因袭浪漫主义的滥调"。(84页)他对大名鼎鼎的英国小说家 Rudyard

Kipling(1865—1936)"了无好感"(21页),美国 Ogden Nash(1902—1971)的滑稽诗他也认为"不够隽永"。(12页)

关于中国文学,傅先生的言论也往往不同凡响。谈到顾文昱的"白雁"诗,他的意见与沈德潜、朱彝尊相左。关于清代著名词人纳兰性德,陈其年说是"哀感顽艳,得南唐二主之遗",傅先生却认为纳兰虽有些好句,可是"他的愁多半是些无谓的烦恼……或借来的忧愁……"。(54页)

近来国内有人爱谈比较文学,他们不妨看看傅先生的提示。他告诉我们:"西方诗人处置'落日'这一意象,极少像中国诗人般流于伤感或滥情。"(23页)他惋惜中国妇女文学太讲究"怨而不怒,哀而不伤",因而缺乏惊人的力量。(29页)谈到咏物诗,他注意到一个有趣的区别:中国诗人爱咏白雁,可是对西方诗人认为"代表智慧、孤洁和高贵"的白天鹅(swan)可没有歌颂。(73—79页)

傅先生有一点大胆得可爱:英国诗人 W. B. Yeats 的十四行诗"丽达与天鹅"(Leda and the Swan)名满天下,可是傅先生直率地说:"作为一个东方读者,我始终不能完全接受它。"(75页)

人作殊方语,莺为故国声

一个人虽然身居大陆,不出国门一步,可是美国的英语教学情况他仍然可以有所了解,英美文学批评家的意见他更易于知道。他最难找到的,是一个窥见留美华人心态的窗口,尤其是通往那里的文化界的窗口。《傅孝先文集》部分地满足了这个要求。

赴美的中国学生(不论是台湾地区的还是香港地区的)并不都是学者,这一点大家都明白。《文集》以嘲弄的笔调指出,这些人有不少本来志不在学,"对念书的兴趣并不比吃药高,后来自然由学文转工或转商。有的人感到无法改行,又怕回故土后无面目见人,这就彷徨终日,甚至发疯、自杀。最惊人的例子是,佛罗里达州大学有个香港学生,因为论文通不过,竟然买一把手枪先把教授打死,再打死自己。"(161页)

傅先生已经在美国当上了教授,可是他所走的路是不平坦的。留学期间,他是个穷学生,感到功课压力大,每天"从教室到图书馆,再到工作的地方。回家后开夜车苦读,到凌晨就寝时往往精疲力竭"。(160页)学业完成了,他到北卡罗来纳州教书,因为要省钱,自己搬书箱,结果还扭断了一根肋骨。(37页)

但是如此苦学成才、当上了教授的人,他们是否就快活了呢?傅先生对某些人的描绘是叫人心酸的:"不是变得俗不可耐便是怪诞不堪。"前一种人不必说,后一种人包括他的两个朋友:一位把案头的《圣经》拿掉,换上佛经、《老子》、《易经》;一位认为尼采说上帝已死还不够,应该说上帝尚未产生。(149—151页)

但是关于傅先生,我们可不必过分担心。他有苦闷,可是发表了"不合时宜的杂感";他看见有些留学生心烦意乱,就写文章劝他们"掌握自己";他相信,"只要工作者把心灵倾注在上面,任何职业都是一件事业。"他还用高亢的音调发出呼吁,说在美国讲中国文学的人要用中文写作,因为这是"国家的基本荣誉和个人的职业尊严"所需要的。(116页)

贯穿着整本《文集》的是一根红线——爱国主义。我觉得最值得玩味的是下面这两句话:

(1)除了若干科技问题外,我们还有一个更严重的问题——如何恢复民族的自尊和自信。(71页)

(2)凡是对自己的文化缺乏信心和认识的人,常常过分地崇仰外邦的语文风物,结果一定感到无根的悲哀。(111页)

尽管傅先生往往会感到孤独,会感到"人生之途常常是愈走愈窄愈荒芜"(131页),可是上面所说的那种特殊的悲哀他是没有的。原因是:他关心祖国的前途,他尊重自己的民族文化——他有根。

(原载《读书》1990年第10期)